홀로
선
자들의
역사

홀로 선 자들의 역사

조선의 누정樓亭, 비경에 숨은 이야기를 찾아서

김동완 글·사진

글항아리

책을 내면서

누정은 산수에서 만나는 '책 밖으로 튀어나온 역사서'이며 철학, 예술, 풍수, 건축, 지리를 담은 '뜻밖의 인문학 사전'이다. 정도전은 "일월성신 日月星辰은 하늘에 보이는 이른바 천문天文 현상이요, 산천초목山川草木은 땅에 보이는 이른바 지문地文 현상이요, 시서예악詩書禮樂은 인간 세상에 보이는 이른바 인문人文 현상이다. 천문 현상은 기氣에 의한 것이요, 지문 현상은 형形에 의한 것인 반면에, 인문 현상은 도道에 의한 것이다"라고 말했다.

누정은 구심력과 원심력을 갖춘 인문 현상의 정수다. 일월성신과 산천초목을 누정 속으로 끌어들였다가 다시 내보내 재배치했다. 시문이 있어 가능했다. 면앙정의 주인 송순은 담양의 제월봉에 정자를 짓고 "풍월은 불러들이고 아름다운 산천은 끌어당겨 명아주 지팡이 짚고 가며 한평생을 보내리라"며 풍월산천의 주인이 됐고 천문·지문·인문이라는 오케스트라의 지휘자가 됐다. 선비들은 누정은 물론 주변의 이름 없는 산과 물, 바위에 이름을 붙이고 자신의 정신세계를 구축했다. 편액과 산, 물, 바위에 붙여진 이름은 '고문진보古文眞寶'에 다름 아니다.

　　　　　　　　　　　　　　　　　　　책을 내면서

누정이라는 끈을 잡고 시대를 거슬러 올라가면서 조선시대 선비들의 삶이 낡은 영상처럼 펼쳐지는 신기한 경험을 하곤 했다. 글을 쓰는 동안은 누정이 우리에게 어떤 의미일까라는 의문에 대한 답을 찾는 과정이기도 했다. 그 답을 소세양이 송순의 면앙정 현판에 남긴 글에서 찾았다. "산과 물은 천지간의 무정한 물건이므로 반드시 사람을 만나 드러나게 된다. 산음의 난정이나 황주의 적벽도 왕희지나 소동파의 붓이 없었다면 한산하고 적막한 물가에 지나지 않았을 것이니, 어찌 후세에 이름을 드리울 수 있었겠는가?" 나는 이 글을 읽으면서 "연꽃의 향기는 멀리 갈수록 맑음을 더한다"는 '향원익청香遠益淸'을 떠올리며 무릎을 쳤다.

도연명陶淵明은 조선 선비의 롤 모델이었다. 그는 '월급 쌀 다섯 말을 위해 소인배에게 허리를 굽힐 수 없다'며 벼슬을 내던지고 고향으로 돌아와 선비의 자존심을 지켰다. 그때 쓴 글이 「귀거래사歸去來辭」다. 「귀거래사」는 조선 선비들의 필독시가 됐다. 조선의 관리들은 도연명의 초상화를 벽에 걸고 「귀거래사」를 읊으며 계산풍월의 전원생활을 갈망했다. 그들은 천년 세월을 거슬러 올라가 도연명을 상우천고尙友千古로 삼았고 그의 유유자적한 삶을 본받으려고 했다.

「귀거래사」는 조선의 관리들에게 비상구 역할도 했다. 정치에 환멸을 느낀 이들은 임금에게 사직 상소를 쓰고 고향으로 돌아왔다. 당파싸움에 밀려 파직당하거나 시절이 심상치 않으면 낙향해 정자를 지었다. 경주와 안동, 영천, 순천을 비롯한 전국 각지의 귀래정歸來亭은 정치에 실망하거나 정권의 부당한 처사에 반발하며 낙향한 선비들이 지은 정자다. 경주 강동면 운곡서원 내 유연정悠然亭과 류성룡의 옥연정사 내 애오재愛吾齋도 도연명의 시가 전고다. 고려 후기의 문신 이인로는 자신의 집 이름을 와도헌臥陶軒이라고 지었다. 이 땅의 누정에서 도연명을 만나기란 그리 어렵지 않다. 이 책에서는 나아갔다가 돌아온 이들의 정자를 제1부 '귀歸'로 묶었다

출처지의出處之義는 '도가 행해지지 않으면 그 몸을 머무르게 하지 않는다'는 선비의 처세관이다. 시절이 하수상해 자신의 포부를 펼칠 수 없다고 생각한 선비들은 벼슬자리에 나아가지 않았다. '물이 맑으면 갓끈을 씻고 흐리면 발을 씻는다'는 탁영탁족濯纓濯足의 출처관을 지켰다. 그들은 정치에 나서는 대신 은일의 삶을 살며 안빈낙도의 지극한 즐거움을 추구했다. 푸른 시냇가에 정자를 짓고 맑은 바람과 밝은 달을 벗 삼아 시와 술, 거문고를 즐기며 풍월주인風月主人이 됐다.

벼슬에 나아가지 않은 처사의 모델이 공자의 제자 증석이다. 공자가 물었다. "내가 너희를 알아준다면 어떻게 하겠는가." 증석은 "기수에서 목욕한 뒤 무우에서 바람을 쐬고 시를 읊으며 돌아오겠습니다浴乎沂風乎舞雩詠而歸"라고 답해 공자를 감동시켰다. 조선 선비들은 증석의 풍류, 유유자적을 닮고 싶었다. 그런 이들이 정자나 누각을 짓고 '영귀詠歸' '무우舞雩' '풍영諷詠' 같은 이름을 붙였다.

공자의 제자 원헌의 자는 자사子思다. 그는 공자가 죽자 세상을 등지고 풀이 무성한 늪가에서 살았다. 어느날 위나라 재상으로 있던 자공이 호위병을 대동한 채 네 마리의 말이 이끄는 마차를 타고 자사를 찾았다. 함께 공부하던 자사의 초라한 행색을 보고 "어쩌다 이리 초라하게

병이 들었단 말입니까" 하며 안타까워했다. 그러자 자사가 "내가 듣기로는 재물이 없는 것을 가난하다 하고, 도를 배우고도 실행하지 못하는 사람을 병이 들었다고 하는데, 저는 가난하지만 병은 들지 않았습니다"라고 대답했다. 자공은 자기가 던진 가벼운 말을 놓고 평생 부끄럽게 여겼다고 한다. 조선의 처사들은 자사의 은일한 삶을 닮고 싶어 했다. 실제 그런 삶을 이어가는 데 자부심을 가졌다. 정자는 그 자부심의 한쪽 면이다. 나아가지 않고 지고지순한 처사의 삶을 이어간 이들의 정자를 제2부 '처處'에 모았다.

주나라 소공석은 남쪽 지방을 순방할 때 민폐를 염려해 팥배나무 아래 머물며 백성의 민원을 들어주고 아픔을 해결해줬다. 사람들은 그가 살아 있을 때 정사를 돌보던 팥배나무를 보존했고 그가 세상을 떠난 뒤에는 선정을 찬미하여 시를 읊었다. "팥배나무를 그대로 두고 떠나갔어도 더욱 기려 읊었다存以甘棠去而益詠."

원호는 단종 때 생육신의 한 사람이다. 그는 단종이 영월로 유배를 당하자 멀리서 유배지가 보이는 제천 평창강 절벽에 초막을 짓고 날마다 통곡하며 절을 했다. 원호가 죽자 후학들이 그 자리에 정자를 세웠으니 관란정觀瀾亭이다. 조선의 선비들은 스승이나 조상이 남긴 시문이나 문장, 학문의 세계, 삶의 방식을 남기기 위해 문집을 만들거나 시를 지어 헌정하는 한편 누정을 지어 '거이익영'했다. 영주의 금선정錦仙亭, 나주의 영모정永慕亭, 광주의 취가정醉歌亭이 그런 경우다. 사모하는 마음을 담아 정자를 세우고 길이 남긴 사례를 제3부 '모慕'로 엮었다.

누樓는 본래 적의 공격과 침입을 관측하기 위해 성문 위, 또는 성곽의 높은 곳에 지어진 군사용 시설이다. 궁궐의 누각도 같은 목적으로 건축됐다. 기가 막힌 절경지에 세워졌음은 물론이다. 황지우는 그의 시 「길」에서 "돌아다녀보면 조선 팔도 모든 명당은 초소"라고 했다. 시야가 잘 확보되고 주변 풍경을 압도하는 절경지에 세웠으니 당연히 명당이다.

관측은 승람勝覽의 다른 한쪽이다. 누에서 창과 칼을 거둬들이고 붓을 들면 시와 술, 음악이 넘쳐나는 문화적 공간으로 활용됐다. 고을을 찾는 관리들의 연회 장소였고 객이 묵어가면서 시를 짓고 그림을 그렸다. 때문에 이름난 누각에는 이름난 시인묵객이 줄을 지어 찾아왔다. 조선 누정예술사에 길이 빛나는 시문과 문장, 그림이 누樓에 남아 있다. 밀양의 영남루, 삼척의 촉석루, 제천의 한벽루 같은 곳이다. 건축의 취지는 어쨌든 누각은 공공재였고 연회가 열렸던 곳이었다. 또 공사를 따지지 않고 길손이 머물러 가던 곳이었다. 그런 사례를 모아 '휴休'라고 이름 붙이고 제4부로 삼았다.

화부가 쓰는 누정기행

이 글은 『경북일보』에 2년 동안 연재한 '정자亭子' 100회 분 중 일부다. 글을 쓰는 내내 운이 좋았다. 나쁜 일만 몰려다니는 것으로 알고 있었는데 좋은 일도 묶음으로 오거나 꼬리를 물고 온다는 걸 이 글을 쓰는 동안 알았다.

우선 직장이 생겼다. 35년을 한 집에서 살아온 '지인'이 삼겹살집을 차리면서 자연스럽게 일자리가 생겼다. 내가 삼겹살집에서 맡은 보직은 '화부火夫'다. 숯을 가려서 테이블에 장착하는 일과 다 쓴 숯불을 테이블에서 빼오는 일이다. 빨래판처럼 넓적한 삼겹살 통고기를 각목 크기로 두툼하게 자르는 일, 식사를 끝낸 테이블 정리하는 일, 청소하는 일도 내 일이다. 말이 화부이지 그냥 '불목하니'다. 굳이 화부라고 우기는 건 그게 훨씬 더 근사해 보이기 때문이다. 일두 정여창이 귀양지에서 화부 노릇을 했다는 역사적 사실에 근거한 자부심이다.

두 딸이 결혼을 했고 아기를 낳았다. 예슬은 아들 온유를, 하뉘는 딸 소미를 낳았다. 신문에 글을 쓰고 책을 내기 위해 원고를 만지작거리는 동안 손자는 네 돌을 맞았고 손녀는 두 돌을 넘겼다. 이 책이 자기 의사와 관계없이 남루한 할아버지를 만나야만 했던 손주들의 불우에 위안이 됐으면 한다.

화부 노릇을 하면서 매주 신문 한 면을 채우기란 참으로 버거운 일이다. 고된 일과를 마치고 밤늦게 퇴근하면 단 일초도 생각할 틈 없이 쓰러져 해가 중천에 뜰 때까지 죽은 듯이 잠에 빠지곤 했다. 일주일에 하루 이틀은 지친 몸을 이끌고 혼자서 누정을 찾아다니며 사진 찍고 취재했다. 밤에는 살기 위해 고기를 자르고, 낮에는 산더미처럼 쌓아놓은 자료를 읽거나 마감에 쫓겨 허겁지겁 원고를 썼다. 그야말로 '노가다적 글쓰기'였고 '주경야돈晝經夜豚'한 세월이었다.

아쉬움도 남는다. 영양에서 '경정'을 취재하고 봉화로 넘어가려던 길이다. 사장에게 다급한 전화가 왔다. 단체 예약을 받았으니 빨리 돌아오라는 것이었다. 예약시간은 오후 6시이고 전화를 받은 때는 4시쯤이었으니 바로 돌아가도 시간을 맞추기 힘들었다. 발길을 돌렸다. 봉화의 청암정은 이런 이유로 이 책에서 다루지 못했다. 경남 산청의 산천재도 화순의 물염정도 해남의 세연정도 같은 이유로 찾아보지 못했다. 밥벌이의 사슬은 단단했고 질겼으며 누정기행보다는 구체적이었으며 집요했다.

격려와 응원도 많이 받았다. 한 친구가 내가 쓴 글을 보고 누정을 찾아가 인증 샷을 보내왔고 오래전 연락이 끊긴 지인은 내 글을 읽고 답사 모임을 가졌다고 강의 요청을 해와 나를 들뜨게 했다. 세상에 쓰레기를 하나 더 보탠다는 두려움에 떨었고, 스스로 한계를 깨닫고 부끄러웠으나 이들의 응원에 힘입어 한권의 책으로 묶는다.

35년 같이 살아온 친구 한계희 씨에게 이 책을 바친다. 운명은 나를 패배자로 낙인찍어 세상에 내보냈지만 천수천안의 관세음보살을 내게 보내줌으로써 겨우겨우 사람 노릇하며 살고 있다. 누정 이야기의 물꼬를 터준 경북일보사 한국선 사장님, 이동욱 논설실장, 최해주 편집국장, 조현석 국장께도 감사드린다. 출판을 주저할 때 격려를 아끼지 않고 힘이 되어준 가형 김동집 님께도 고맙다는 인사를 드린다.

2020년 12월
이두거에서 김동완

차 례

제 1 부

돌아오다

歸

퇴계 이황이 반한
장쾌한 비경

:

안동 고산정孤山亭

●

도산구곡陶山九曲은 안동 오천 군자리에서 청량산 입구까지 낙동강 상
류 아홉 굽이 50리 길이다. 조선 성리학의 거목 퇴계 이황이 걸었던 길
이다. 주자의 '무이구곡武夷九曲'을 본떠 퇴계 사후에 후계인 이야순李野淳,
이이순李頤淳 등이 설정했다. 일반적으로 조선의 구곡이 10리 안팎으로
경영됐다는 점을 감안할 때 50리 길 도산구곡은 스케일부터 장대하다.
또 굽이마다 명문가와 명현의 흔적이 남아 있어 의미가 깊다.

　1곡은 '운암곡雲巖曲'이다. 운암곡이 있는 군자리는 광산 김씨들이 대
대로 살던 세거지다. 후조당後彫堂 김부필金富弼로 대표되는 '오천칠군자
烏川七君子'가 살던 곳이다. 안동호가 건설되면서 물속에 잠겼다. 현재의
오천군자 문화재 단지는 운암곡에 있던 군자리 마을을 옮겨온 것이다.
2곡은 '월천곡月川曲'이다. 횡성 조씨들이 살았다. 이황의 제자로 도산서
원에 배향된 월천月川 조목趙穆(1524~1606)이 대표적 인물이다. 3곡은 '오
담곡鰲潭曲'으로 단양 우씨들의 세거지. 퇴계가 존경하던 역동易東 우탁
禹倬(1262~1342)의 서원이 있던 곳이다. 4곡 '분천곡汾川曲'은 농암聾巖 이
현보李賢輔(1467~1555)를 비롯한 영천 이씨들의 600년 세거지다. 5곡은

고산정. 안동 가송협 외병대 절벽 아래 자리하고 있다.

도산서원과 퇴계 후손들이 사는 의인·섬촌, 하계와 계남일대다. 6곡은 '천사곡川沙曲'이다. 진성 이씨들의 세거지인 원촌과 천사 마을이 있다. 원촌은 저항 시인 이육사의 고향이다. 7곡은 '단사곡丹砂曲', 8곡은 '고산곡孤山曲'이다. 8곡에는 4곡에 있던 농암 종택이 옮겨졌다. 9곡은 '청량곡淸凉曲'이다. 도산구곡은 안동호가 조성되면서 대부분 수몰되고 지금은 6곡부터 9곡까지만 남아 있다.

고산정은 도산구곡 중 8곡인 고산곡에 있다. 가송협佳松峽이라고도 한다. 안동과 봉화의 접경인 가송리에 있는 협곡이다. 물길이 산허리를 끊어 절벽으로 갈라놓았다. 절벽을 내병대와 외병대라고 부른다. 절벽 사이를 가르며 유유히 흘러가는 큰 물결이 장엄하다. "높은 봉우리는 하늘을 버티고 서 있고, 긴 강은 땅을 가르며 흘러가네高峯撑天立 長江割地去"라는 『추구推句』의 한 구절이 떠오른다. 물은 스스로 물결을 일으키며 햇살을 받아 물비늘을 반짝이며 흘러갔다. "경호의 맑은 물은 바람이 없어도 스스로 물결을 일으킨다鏡水無風也自波." 중국 당나라 현종 때 시인 하지장賀知章의 「채련곡採蓮曲」을 펼쳐놓은 느낌이다.

고산정은 외병대 아래에 엎드려 있다. 강 건너편에서 고산정을 보면 최북崔北의 「공산무인도空山無人圖」가 연상된다. 빈산에 산새도 사람도 무엇도 없이 무심히 흐르는 강물과 바람, 구름과 청산뿐이다. 선계를 옮겨놓으면 이런 광경일까. 정자 안에서 정면으로 보이는 강 건너 절벽이 내병대이고 마주하는 산이 고산孤山, 독산이다. 정자 이름은 여기서 따왔다. 고산에 들어앉아 있어서 고산정이 아니고 고산을 마주보고 있기 때문에 고산정이다.

고산정은 성재 금난수가 지은 정자다.

고산정은 정면 3칸, 측면 2칸에 큰 방 하나와 작은 방 하나로 이뤄져 있으며 나머지는 마루다. 정자 앞마당에 강물이 넘어오지 못하도록 자연석 축대를 쌓아 땅을 높였다. 정자 앞에는 강 쪽으로 기운 소나무가 정취를 더해주고 정자 왼쪽에는 70년 전 조선총독부가 세운 먹황새 서식지 표석이 눈길을 끈다. 이곳은 국내 유일의 먹황새(천연기념물 200호) 서식지인데 안동시가 다시 복원할 계획이다.

고산정의 주인은 이황의 제자 성재惺齋 금난수琴蘭秀(1530~1604)다. 본관이 봉화, 자가 문원聞遠, 호가 성재, 고산주인孤山主人이다. 처음에는 김진에게 글을 배웠고 뒤에 이황의 문하에 들어가서 수학했다. 1561년(명종 16) 사마시에 합격했으며 직장, 장례원사평 등을 지내다 1592년 임진왜란이 일어나자 노모를 봉양하기 위해 고향에 돌아왔다. 정유재란 때는 안동 수성장으로 공을 세웠다. 고향인 봉화의 현감에 임명되었으나 1년 만에 사임하고 집으로 돌아왔고 저서로 『성재집性齋集』이 있다.

1563년 정자를 지을 당시는 일동정사日東精舍와 고산정이라는 이름을 함께 사용했다. 그의 연보에는 "가을에 일동정사를 지었다. 바로 고산정이다. 치솟아 있는 절벽을 끼고 깊은 물웅덩이를 내려다보니, 수려하고 깊고 그윽하여 선성 명승 중 하나다. 선생은 항상 경전을 끼고 들어가 머물렀는데, 고요함 속에서 스스로 깨닫는 바가 있었다. 그곳은 푸른 절벽이 치솟아 있고, 고산과 대치하고 있으며, 가운데에는 징담澄潭(맑은 연못)이 있어서 작은 배를 갖추고 위아래로 노닐며 흥취를 돋울 수 있으니, 낙동강의 명승 중 한 곳이다"라고 적혀 있다.

정면 3칸 측면 2칸에 두 개의 방과 마루로 지어졌다.

정자 옆에서 본 소나무와 내병대 절벽.

따사롭고 아름다운 봄날 산 속에 드니 暄妍春日入山來

물색과 산빛이 화폭 속으로 번져간다 水色山光畫裏開

정자에서 한가롭게 시 읊으니 더 이상 상쾌할 수 없구나 臺上閒吟眞灑落

좋은 친구와 함께 하지 못하는 것이 안타까울 따름 恨無良友共徘徊

_금난수의 시 「고산에서 읊다孤山偶吟」

조선의 선비들에게 고산정의 이름을 알린 이는 이황이다. 이황은 열세 살에 숙부인 송재 이우를 따라 처음 청량산에 들어간 이후 청량산을 "우리 집안 산吾家山"이라고 할 정도로 사랑했다. 주세붕周世鵬이 「유청량산록遊淸凉山錄」을 써서 자신에게 발문을 부탁해오자 세 번을 읽고 "우리 집안 산이라 그립다"라고 했을 정도다. 스스로 청량산 주인이라고 칭했던 이황은 집이 있는 도산에서 청량산으로 들어가는 길에 금난수의 정자를 찾아오기도 하고 그저 고산정에 오고 싶어서 찾기도 했다.

고산정에서 이황은 행복했다. "내가 일찍이 금난수의 집에 간 일이 있었는데 산길이 몹시 험했다. 그래서 갈 때에는 말고삐를 잔뜩 잡고 조심하는 마음을 풀지 않았는데, 돌아올 때에는 술이 거나하게 취해서 갈 때의 길 험한 것을 잊고 마치 탄탄한 큰길을 가듯 했으니 마음을 잡고 놓음이란 참으로 두려운 일이다." 이황은 고산정에서 금난수에게 시도 지어주었고 글씨도 써주었다. 「서고산벽書孤山壁」「유고산遊孤山」「고산견금문원孤山見琴聞遠」 같은 시는 이황이 고산정에서 쓴 시다. 또 성성재惺惺齋 편액과 고산별업孤山別業 편액도 썼다.

일동정사 주인은 금씨 성을 가진 사람인데　日洞主人琴氏子

강 건너에서 지금 있나 물어보았더니　隔水呼問今在否

쟁기꾼은 손 저으며 내 말 못 알아들어　耕夫揮手語不聞

구름 걸린 산 바라보며 한참을 기다렸네　愴望雲山獨坐久

_이황, 「서고산벽書孤山壁」

이황과 금난수가 사제의 인연을 맺기까지 재미있는 일화가 있다. 금난수는 처남인 조목의 권유로 이황의 제자가 되기를 청했으나 이황은 병을 이유로 거절했다. 금난수는 한 달 동안 매일 이황을 찾았고 마침내 이황이 그 뜻을 가상히 여겨 제자로 거둬들였다. 금난수는 과거에 뜻을 두지 않고 동문들과 함께 청량산에 들어가 독서에 골몰했다. 그러나 공부가 뜻대로 되지 않자 「보현암 벽 위에 산에 들어온 전말을 쓰다」라는 글로 괴로운 심경을 적었다.

"산에 들어갔을 때 마음을 씻어내고 책상을 마주하고 책을 보면서 심신을 수습하고 본성을 함양하여 평일 쓸 바탕으로 삼으려 했지만, 다른 세사에 정신이 팔려 일 때문에 밖으로 나가기도 하고 공부 또한 전일 같지 못했다. 산문을 나서기만 하면 귀에 들리고 눈에 보이는 무궁한 사물의 변화를 접할 때마다 산중에서 얻었던 조그마한 것조차 끝내 보존하지 못하고 잃게 되었다."

이황은 이 모습을 가상히 여겨 「증행시贈行詩」를 지어 치하했다. "문원

퇴계 이황이 이곳에 자주 들러 시를 남겼다.

(금난수의 자) 스스로 공부가 완성되지 않았다고 생각하여 향시를 치르지 않고 경서를 들고 산으로 들어갔으니 그 뜻이 참으로 가상하다."

이황은 64세가 되던 1564년 오랫동안 찾지 못했던 청량산을 유람한다. 이때 금난수, 이문량, 금보, 김부의, 김부륜, 권경룡, 유운룡 등 핵심 제자들과 손자 이안도가 동행한다. 이황은 주자가 장식과 남악을 유람하며 창수시를 남긴 예에 따라 시를 남겼는데 유명한 「책을 읽는 것은 산에 노니는 것과 같다讀書如遊山」다. "책을 읽는 사람들이 산을 유람한 것을 말하더니 / 이제 보니 산을 유람하는 것은 책 읽는 것과 같구나 (…) 근원을 찾아가면 사물의 시초를 알게 된다지 / 그대들에게 높은 절정을 찾으라 권면하지만 / 노쇠하여 중도에 그만둔 내가 부끄럽구나."

금난수는 1570년 이황이 타계하자 스승에 대한 존경의 마음을 담아 시를 썼다. "부모님 날 나으시고 선생님 날 가르치셨네 / 백년을 기약하고 선생님 문하에 들었더니 / 이렇게 돌아가시니 이젠 누구에게 의지할까 / 병나면 누가 돌봐주고 의문 들면 누구에게 물어야 하나."(「제퇴계선생문祭退溪先生文」)

금난수는 이황이 세상을 뜨자 김부륜, 조목, 금응협, 금응훈, 이덕홍, 김택룡 등과 함께 소위 '예안 유림'을 대표해 류성룡, 김성일 등으로 대표되는 '안동 유림'과 세 대결을 벌이며 도산서원의 주도권을 쥐었다. 퇴계학파의 적통 자리를 놓고 벌인 다툼이었다. 도산서원의 주도권을 뺏긴 안동 유림은 '여강서원'을 세웠다가 나중에 사액이 내려옴에 따라 '호계서원'으로 편액을 바꿨다. 호계서원은 뒤에 류성룡과 김성일의 문인들이 이황의 좌배향 자리를 놓고 다툼을 벌여 '병호시비'를 촉발하기도 했다.

산수에 이름 붙이고
홀로 노닐다
:

경주 독락당 계정溪亭

●

1531년(중종 26), 회재晦齋 이언적李彦迪(1491~1553)은 사간원 사간이었다. 임금에 대한 간쟁과 봉박, 관료에 대한 탄핵 등을 다루는 막강한 자리다. 양날의 칼이다. 말 한마디로 대신의 목줄을 날려버리기도 하지만 칼끝이 자신에게로 향하면 파직은 고사하고 유배를 가거나 목숨까지 잃는, 봉변을 당하기 좋은 자리였다. 어느 날 채무택蔡無擇이 귀양 가 있던 김안로金安老(1481~1537)의 복귀를 주장했다. 심언광沈彦光과 조정 대신들이 동조했다. 김안로의 아들 김희金禧가 중종의 큰딸, 효혜공주의 남편이었으므로 김안로는 중종과 사돈지간이었다. 조정 대신들이 김안로에게 줄을 대기 시작했다. 김안로는 세자의 실질적인 후견인인 세자보양관을 맡게 됐다.

이언적은 김안로를 중용해서는 안 된다고 극구 반대했다. 반대 이유는 뚜렷했다. 이언적은 벼슬살이 초기인 25세 때 경주 교관을 한 적이 있는데 당시 경주부윤으로 있던 김안로의 행실을 보고 몹쓸 사람이라고 생각했던 모양이다. 심언광이 "이언적이 있는 이상 김안로가 조정에 들어올 수 없다"고 말을 퍼뜨렸다.

자계천에서 본 계정.

결국 이언적은 성균관 사예로 좌천됐다. 사간원 사간이 종3품인데 비해 성균관 사예는 종4품이다. 게다가 사예는 성균관 유생들에게 음악을 가르치는 선생이었다. 심언광이 좌천된 이언적에게 물었다. "사예는 어떻게 아무개가 소인인 줄을 아시오?" 이언적은 "김안로가 경주부윤으로 있을 때 그의 마음 쏨쏨이와 일 처리를 보았더니 참으로 소인이었소. 이 사람이 뜻을 얻으면 반드시 나랏일을 그르칠 것이오"라고 답했다. 덧붙여서 "저 자가 만약 조정에 들어오면 반드시 권력을 잡고 제멋대로 날뛸 것이니, 누가 감히 그를 막을 수 있겠소. 또 동궁은 나라 안 신민 모두에게 촉망받는 분인데, 어찌 김안로를 등용해야만 지위가 안정되겠소"라고 말했다. 심언광이 화가 잔뜩 나서 돌아갔는데, 이언적은 마침내 탄핵받고 파직되어 고향으로 내려갔다.

낙향해 지은 집이 경주시 안강읍 옥산리 자옥산 자락에 있는 독락당獨樂堂이다. 본가가 있는 양동마을에서 영천 쪽으로 15킬로미터 정도 떨어진 자계천 계곡에 있는 집이다. 아버지 이번李蕃의 정자가 있었고 두 번째 부인인 석씨 부인이 이미 안채와 청지기, 노비가 사는 숨방채를 지어놓아 들어앉아 살기에 문제가 없었다.

그 집 한쪽에 강학을 하겠다며 독락당을 지었다. 독락당은 보물창고다. 건물 자체가 보물 413호에 유네스코 지정 세계문화유산이고 현판은 선조 때 영의정을 지낸 이산해의 글씨다. 안쪽으로 들어가면 계곡 언덕 위에 정자가 있는데 계정이다. 계정에 딸린 방이 양진암養眞庵이다. 계정 편액은 한석봉이, 양진암 편액은 이황이 썼다. 이언적이 심었던 500년 된 중국주엽나무는 천연기념물 115호로 지정됐다.

일제 강점기의 독락당 자료 사진.

독락당의 '독락'은 송나라 재상을 지낸 사마광의 '독락원獨樂園'에서
따왔다. 사마광은 「독락원기」에서 "책 읽는 즐거움과 동산에서 노니는
즐거움을 합하여 독락이라 이름 짓고 내가 노니는 동산을 독락원이라
이름 짓는다"라고 했는데 이언적은 관직에서 쫓겨난 처지의 쓸쓸함을
달래기 위해 사마광의 겸손하면서도 고매한 지적 자부심을 차용한 것
이 아닌가 싶다.

　이언적은 여기저기 '독락'의 장치를 해둔다. 계곡을 둘러싸고 있는 주
변의 산봉우리에 각각 도덕산, 자옥산, 화개산, 무학산이라는 이름을
붙이고 계곡에 층을 이룬 반석들에게도 이름을 붙여준다. 관어대觀魚臺,

영귀대詠歸臺, 탁영대濯纓臺, 징심대澄心臺, 세심대洗心臺다. 산과 계곡의 바위들을 함께 묶어 사산오대四山五臺라 불렀다. 무대는 완벽하게 꾸며졌다. 그는「숲에 살며 부르는 노래 15수林居十五詠」를 지어 자신의 삶에 강제된 다운시프트 상황을 즐기기로 했다.「독락獨樂」이라는 시다.

무리를 떠났으니 누구와 함께 시를 읊나 離群誰與共吟壇
산새와 물고기가 내 얼굴을 잘 안다네 巖鳥溪魚慣我顔
그중에서 특별히 빼어난 정경은 欲識箇中奇絶處
두견새 울음 속에 달이 산을 훔쳐볼 때라네 子規聲裏月窺山

계정은 말 그대로 계곡을 끼고 있는 정자다. ㄱ자 모양의 정자에는 마루 두 칸에 방 두 칸을 두었다. 마당에서 보면 방이 하나인 듯 보이지만 안으로 들어가면 두 칸으로 나뉜다. 서쪽 방을 양진암養眞庵이라 이름 붙였다. '양진'은 세상살이 하면서 때 묻은 마음을 씻고 자연으로 돌아가 고요히 본성을 키운다는 의미다. 양진암 편액은 퇴계 이황이 썼는데 그 자신 벼슬에서 물러나 고향 안동으로 돌아왔을 때 바위 위에 집을 짓고 양진암이라 했다. 동쪽 방은 인지헌仁智軒이다. 어진 이는 산을 좋아하고 지혜로운 이는 물을 좋아한다는 '인자요산 지자요수仁者樂山 知者樂水'에서 가져온 이름이다. 이언적은 정자 앞뒤에 소나무와 대나무, 꽃을 더 심고 날마다 그 속에서 읊조리고 노닐고 낚시하면서 어지러운 세상일과 거리를 두었다. 방 안에 단정히 앉아 책을 읽고 깊이 사색하니 공부가 더욱 깊어졌다.

독락당 가는 길의 소나무.

독락당에서 조금만 서북쪽으로 가면 정혜사지 십삼층석탑이 나오는데 그곳이 정혜사가 있던 곳이다. 양진암이라는 절집 분위기의 편액은 정혜사 스님들과의 소통을 위해 걸었을 것으로 짐작된다. 양진암과 인지헌 문을 열고 나오면 계곡에 기둥을 세운 쪽마루다. 마루에서 보는 계곡은 눈이 시리도록 아름답다. 정자 아래 관어대와 계곡 건너편 영귀대에 마음을 뺏긴다. 암반 사이에 생겨난 계곡의 물은 맑고 푸른데다 물 흐르는 소리가 시원하다. 계정 처마와 난간 사이로 보이는 숲은 울울하고 창창해 한 폭의 산수화를 보는 듯하다.

계곡과 맑은 물, 기암과 괴석은 서유구가 『임원경제지』에서 좋은 집을 짓는 조건으로 내세운 필요충분조건인데 이를 잘 갖추고 있다. 계곡쪽으로 난간이 설치돼 있고 그 아래로 길고 짧은 네 개의 기둥이 정자를 받치고 있다. 이로써 계정은 흐르는 물에 발을 담그고 자연의 일부가 됐다. 때문에 계곡에서 계정을 바라보는 경치도 잘 그린 한 폭의 산수화다. 이 계곡이 자계천이다. 이언적의 호는 회재다. 주자의 호인 '회암晦庵'에서 따왔다. 독락당에 들어온 이후 그는 자계천을 자신의 호로 삼아 '자계옹紫溪翁'이라고 했다. 자연을 벗 삼아 어지러운 세상을 버리고 '홀로 즐기는 삶'으로 행로를 잡았다.

이언적은 여기서 7년을 살다가 김안로가 사형을 당하자 중앙정계로 복귀했다. 본래 중종은 이언적을 아꼈다. '언'자는 중종이 직접 내린 이름이다. 본래 이름은 이적이었는데 단성에 동명이인이 있다며 '선비'라는 뜻의 '언'자를 내린 것이다. 이후 이언적은 한성부판윤, 이조판서, 사헌부 대사헌, 형조판서, 예조판서를 거친 뒤 경상도관찰사로 부임했다.

을사사화 때 의금부 수장인 판의금부사를 맡아 역모 사건을 다루는 바람에 오랫동안 비난을 받기도 했다. 그는 사림을 변호하고 피해를 최소화하기 위해 노력했지만 피해 당사자들의 비난을 벗어나지 못했다.

1546년(명종 1) 이언적은 윤원형尹元衡의 탄핵을 받아 삭탈관직을 당하고 다음해 '양재역벽서사건'에 엮여 평안도 강계로 유배를 가게 된다. 6년의 유배기간 동안 『대학장구보유大學章句補遺』『구인록求仁錄』 같은 명저를 남긴다. 이때의 저술 활동으로 그는 조광조, 정여창, 김굉필과 함께 '동방 4현'의 한 사람으로 성균관 문묘에 배향됐다. 이언적은 63세가 되던 해인 1554년(명종 9)에 타계했다. 아버지 이번이 묻힌 포항시 흥해읍 달전리 도음산에 묻혔다. 그가 죽고 15년 뒤에 문원文元이라는 시호가 내려졌고 이어 명종의 묘정에 배향됐다. 1572년(선조 5) 독락당에서 500미터 남쪽에 서원이 세워졌다. 이언적을 배향하기 위해 지은 것이다. 석씨 부인과의 사이에서 낳은 아들 이전인李全仁(1516~1568)이 꾸준히 현양사업을 벌인 덕으로 이듬해인 1573년 옥산서원이라는 편액이 내려졌다. 옥산서원은 조선 말 대원군의 서원 철폐령에서도 살아남는 사액서원이 된다. 2019년 7월 유네스코 세계문화유산에 등재됐다.

자계천과 독락당, 계정과 옥산서원은 워낙 경치가 아름다운데다 대학자 이언적의 자취가 있는 곳이라 조선의 시인묵객들이 줄을 이어 이곳을 찾고 시를 남겼다.

계곡물은 맑아서 거울 같고 溪水淸如鏡
띠집은 좁기가 배와 같다네 茅堂狹似船

계정에서 내려다본 자계천.

큰 벼슬 꿈에서 초심으로 돌아와 初回大槐夢

오로지 불가의 참선을 하네 聊作小乘禪

밥을 던져서 물고기 먹는 걸 보면서 投飯看魚食

노래 그쳐 백로가 잠들기를 기다리네 停歌待鷺眠

온 종일 사립문을 닫고 柴門終日掩

외롭게 앉아 있으니 마음은 아스라하네 孤坐意悠然

_정경세鄭經世, 「계정溪亭」

경주 독락당 계정溪亭

인생 멘토를 만나
「성산별곡」을 쓰다

:

광주 환벽당 環碧堂

사촌沙村 김윤제金允悌(1501~1572)는 을사사화가 일어나자 나주목사를 끝으로 벼슬자리를 떠났다. 그는 환벽당에 머물면서 제자들을 가르치는 일로 세월을 낚았다. 여름 어느 날 환벽당에 누워 깜빡 낮잠이 들었다. 환벽당 앞 개울에서 용이 멱을 감으며 노는 꿈을 꾸었다. 꿈이 얼마나 생생하던지 자리에서 일어나 곧바로 개울로 내려갔다. 한 소년이 멱을 감고 있었다. 소년에게서 범상치 않은 기품을 느꼈다. 이것저것 말을 걸어보니 막힘이 없었다. 그 자리에서 소년을 자신의 문하에 거둬들였다.

영화 같은 이야기의 주인공은 16세 소년 정철鄭澈(1536~1593)이다. 정철은 그때 담양군 청평면 지실마을에 살고 있었는데 어머니와 함께 둘째 형 정소를 만나러 순천으로 가던 중이었다. 날이 더워 개울가에서 멱을 감다가 자기 인생 최고의 멘토를 만났다. 두 사람이 처음 만나 대화를 나눈 바위가 조대釣臺다. 정철은 훗날 지은 「성산별곡星山別曲」에서 '조대의 추억'을 빠뜨리지 않았다. 환벽당이 있는 곳은 광주의 무등산 자락이고 성산은 창계천 건너 담양의 식영정이 있는 산이다.

송강 정철의 행적을 담은 비문의 탁본.

"사경四更(밤 1~3시)이 되니 오동잎 사이로 가을달이 비친다. 천암만학 千巖萬壑이 낮인들 그보다 더 아름다우랴 (…) 한 쌍의 늙은 소나무를 조 대釣臺에 세워놓고, 그 아래에 배를 띄워 가는대로 내버려두니 붉은 여 귀꽃, 흰 마름꽃 핀 물가를 어느새 지났는지 환벽당 용소에 뱃머리가 닿았구나."

_「성산별곡」 중

김윤제의 문하에 든 정철은 날개를 달았다. 김윤제는 학문이 깊고 시 문이 뛰어난데다 경제적 능력과 인맥까지 두루 갖춰 담양과 장성 일대 에서 절대적인 영향력을 행사하는 사람이었다. 소쇄원의 양산보梁山甫는 김윤제의 처남이었고 서하당의 주인 김성원金成遠은 그의 조카다. 임억 령林億齡은 식영정의 주인이며 면앙정가단의 일원인데 김성원의 장인으 로 김윤제에게는 사돈이다. 면앙정의 송순宋純은 처남 양산보의 외종형 이었다.

정철은 김윤제의 문하에서 김인후, 기대승, 임억령, 송순 등 당대 제 일의 학자, 문사들로부터 글과 시를 배웠다. 17세 되던 해에 김윤제의 외손녀인 문화 유씨 유강항의 딸과 결혼했다. 이때부터 학문적 지원에 이어 경제적 지원까지 받았다. 27세에 과거 급제해 한양에 올라갈 때까 지 정철의 사회·경제·문화적 자산은 모두 환벽당에서 갖췄다. 김윤제 에게 크게 빚을 졌던 것이다.

정철은 파란만장한 생을 살았다. 본래 그는 '금수저' 출신이다. 정철 의 큰누나가 나중에 인종의 후궁인 귀인 정씨다. 셋째누나는 왕족인 계림군의 부인이었다. 그는 이 때문에 어릴 적부터 왕궁을 자유롭게 출입했다. 매형 인종의 이복동생이자 훗날 명종으로 왕위에 오르는 두 살 위의 경원대군과는 소꿉친구였다.

불행은 돌연하게 찾아온다. 정철이 열 살이 되던 1544년 11월 왕위에 오른 인종이 즉위 8개월 보름 만에 시름시름 앓다가 사망했다. 인종의 계모이며 명종의 친모인 문정왕후가 독살했다는 설이 나돌았다. 12세의 명종이 왕위에 오르자 문정왕후는 친동생 윤원형을 내세워 을사사화를 일으킨다. 인종의 외삼촌인 윤임이 명종을 폐하고 계림군을 왕으로 세운다는 고변이 들어왔다. 계림군이 능지처참 당했고 계림군의 처가인 정철 집안도 풍비박산이 났다. 정철의 아버지 정유침은 함경도 정평으로 유배를 갔고 이조정랑이었던 큰형은 전라도 광양으로 유배가 떨어졌다. 불행이 연이어 큰 파도처럼 닥쳤다. 2년 뒤에 '양재역벽서사건'이 일어났다. 정유침은 경상도 영일로 이배됐고 큰형은 함경도 경원으로 옮겨가던 중 매 맞은 자리가 덧나 죽었다. 정철은 아버지의 유배지를 따라 다니며 인생의 쓴맛을 경험했다.

반역의 굴레는 정철의 나이 열여섯 때 아버지가 유배형에서 풀려나면서 끝이 났다. 정철 가족은 조부의 묘소가 있는 담양군 창평면 지실 마을에 정착했다. 정철과 담양의 인연은 이렇게 시작됐다. 담양에 왔으나 집안 형편이 나아지지 않았다. 답답한 마음에 어머니와 함께 둘째 형을 만나러 가는 길이었고 더위 먹고 개울에서 멱을 감다가 김윤제에게 '발탁'됐다.

정철과 김윤제가 만난 개울은 시루를 닮아서 '증암천'이라 하고 백일

환벽당의 측면.

홍이 많이 피어 '자미탄'이라고도 한다. 물빛이 눈부시게 짙푸르러 '창계천'이라고도 한다. 대나무 숲이 빽빽해 '죽녹천'이라고 하며 소나무가 많다고 '송강'이라고도 한다. 정철의 호 '송강'은 여기서 가져왔다. 정철이 마흔아홉에 지은 담양군 고서면 원강리의 송강정은 그가 살아 있는 동안은 이름이 '죽녹정'이었다. 담양시가 운영하는 대나무 숲 휴양림 '죽녹원'도 여기서 이름을 가져왔다. '죽녹'과 '송강'은 정철에게 마음의 고향이었다.

언덕 사이로 샘물이 날쌔게 흐르는 곳 一道飛泉兩岸間

      광주 환벽당 環碧堂

여뀌꽃 핀 물굽이엔 마름 캐는 노래 한창이라 採菱歌起蓼花灣

시냇가 돌 위에 취한 산옹 누웠으나 山翁醉倒溪邊石

모래밭 위의 갈매기는 상관 않고 오가는구나 不管沙鷗自往還

_정철, 「환벽당 차운次環碧堂韻」

환벽당은 무등산 아래 창계천 상류에 있는 정자다. 창계천을 사이에
두고 건너편에 있는 담양 소쇄원 식영정과 마주 보고 있다. 송순은 김
성원이 장인 임억령을 위해 식영정을 건립하자 식영정 시를 차운하면
서 식영정과 환벽당은 형제 정자라고 썼다. 예전에는 창계천 수량이 풍
부해 나룻배가 다녔고 두 정자를 잇는 무지개다리가 놓여 있어 걸어
서 오갔다는 기록이 전하기도 한다. 환벽당과 식영정 소쇄원을 '일동
지삼승一同之三勝'이라 했는데 한 물줄기에 명승이 세 군데나 있다는 말
이다. 1540년 환벽이라는 당호는 조선 전기의 화가 아차산인 신잠申潛
(1491~1554)이 붙였다. '지형이 청산녹수로 둘러싸여 있고 사방에 창송
청림이 가득하며 푸름이 사방에 둘러쳐져 있다'는 뜻이라고 한다. 임억
령이 시에서 "온 산이 주위를 두르고 한 줄기 시내가 흐르는 곳"이라고
읊었던, '짙푸름이 주위를 둘러싼 집'이다.

정자는 정면 3칸 측면 2칸 구조이며 기와를 얹은 팔작지붕 양식이다.
왼쪽 2칸은 온돌방, 오른쪽 1칸은 대청으로 이뤄진 독특한 구조를 가
지고 있다. 송시열이 쓴 '환벽당' 현판이 있고 임억령, 정철, 조자이 등
의 시가 걸려 있다. 정자 아래에는 자미탄 강물이 흐르고 강가에는 용
소와 조대, 그늘이 넓게 드리운 나이 많은 나무들이 늘어서 있어 명승

환벽당에서 바라본
앞마당.

제107호로 지정될 만큼 경관이 뛰어나다.

해질녘 모래사장에 작은 배 한 척 비켜 서 있고 夕陽沙際小船橫
연잎 같은 해가리개 물 아래까지 비추는구나 布傘如蓮水底明
늙어 쇠약한 몸 세상을 구할 힘 없어 衰老從無兼濟力
비낀 바람 가랑비 맞으며 홀가분히 지내네 斜風細雨往來輕

_임억령, 「환벽당」

임진왜란 때 의병장으로 맹활약을 펼쳤던 제봉霽峯 고경명高敬命 (1533~1592)은 1574년 5일간 광주목사 임훈林薰(1500~1584) 일행과 함께 무등산에 올랐다가 마지막 날 환벽당에 들렀다. 그는 『유서석록遊瑞石錄』에 이렇게 썼다.

"식영정에서 남쪽을 바라보니 정자 하나가 날듯이 서 있는데 그 앞에는 반석이 깔려 있고 그 아래 맑은 물이 고인 웅덩이가 있다. 이 정자는 학자 김윤제가 살던 곳으로 신잠이 환벽당이라 이름 지었다. 또 환벽당에 걸린 편액 글씨는 우암 송시열이 이곳을 방문해 쓴 것이라고 한다. 정자 아래에는 김윤제와 정철의 아름다운 만남에 대한 전설이 서린 조대釣臺와 용소龍沼가 있다."

환벽당은 호남시단의 내로라하는 선비들의 여름 나기 장소로도 이름을 떨쳤다. 16세기 조선 선비들의 여름나기 풍경은 김성원의 「성산계

『서하당유고』에 실려 전하는 「성산계류탁열도」

류탁열도星山溪柳濯熱圖에 잘 나와 있다. 1590년(선조 23) 6월 복날에 '일동지삼승'이라 불리는 환벽당과 식영정, 서하당과 소쇄원을 중심으로 11명의 선비가 더위를 식히기 위해 시회를 열어 놓고 있는 그림이다. 선비들은 각각 물가나 나무 아래, 정자 안에서 버선을 벗어 던지고 편하게 앉아 계곡물에 발을 담그려는 모습을 하고 있다. 시원한 시냇물에 발을 담그고 시주詩酒를 즐겼을 터다. 계곡물에 수박 담그고 소주 한잔에 노래 한가락 불러 제치던 1970년대 내 부모님 세대의 유희가 이런 전통에 줄을 대고 있는 것이다.

환벽당은 정철을 키운 정자다. 환벽당에서 갈고 닦았던 정철은 식영정에서 「성산별곡」을 짓고 송강정에서 「사미인곡」과 「속미인곡」을 썼다. 뒷날 정철의 4대손 정흡이 환벽당을 인수했다. 1721년에는 정흡의 양자 정민하가 식영정을 인수했다. 담양군은 환벽당과 식영정, 송강정을 '정송강 유적지'로 묶어 관리하고 있다.

바위를 열어
서재 짓고
성인의 길을 읽다
:

괴산 암서재巖棲齋

충북 괴산군 화양華陽 계곡은 바위가 주인이다. 하늘을 찌를 듯이 우뚝 선 기암과 세월의 풍파를 격하게 견뎌낸 바위가 계곡의 대세다. 이곳에서 화양천은 연극무대의 연출자이고 계곡을 흐르는 물과 푸르른 나무는 바위의 절경을 돋보이게 하는 조연일 뿐이다.

청화산(988미터)에서 발원한 화양천은 일대의 도명산, 낙영산, 가령산, 조봉산을 구획하며 세울 바위는 세우고 부복할 바위는 엎드리게 해 서열과 역할을 분담했다. 계곡에는 밤하늘의 별처럼 많은 바위가 물속에 발을 담갔고 산이 끝나는 곳에는 어김없이 절벽이 우뚝 서서 화양의 아름다움을 이야기한다.

화양계곡의 하이라이트는 화양구곡九曲이 있는 3킬로미터 구간이다. 주자의 무이구곡을 모델로 한 조선의 대표적인 구곡 중 하나로 대한민국 명승 제110호로 지정될 정도로 경관이 빼어나다. 화양구곡은 화양천의 하류에서 상류로 거슬러 올라가며 지정됐다. 1곡은 경천벽擎天壁이다. 층층 암석이 하늘을 떠받들고 있는 형상의 절벽이다. 송시열의 글씨 화양동문華陽洞門이 새겨져 있다. 화양동으로 들어가는 문이라는 뜻이다.

금사담. 맑은 물속의 금빛 모래라는 뜻이다.

제2곡은 운영담雲影潭. 주자의 시 「관서유감觀書有感」 중 "하늘빛과 구름이 함께 서성인다天光雲影共徘徊"라는 구절에서 빌려왔다. 3곡 읍궁암泣弓巖은 넓은 바위다. 효종의 사부였던 송시열宋時烈(1607~1689)은 효종의 제삿날에 이곳에서 엎드려서 울었다고 한다. 4곡은 금사담金砂潭이다. 맑은 물속에 보이는 모래가 금싸라기처럼 반짝인다는 의미다. 5곡 첨성대瞻星臺는 송시열이 천문 관측을 하러 올랐다는 바위로 계곡의 남쪽 낙양산 기슭에 바위가 층층이 포개져 대를 이루고 있다. 선조의 어필, 만절필동萬折必東이 새겨져 있다. 황하의 물길은 만 갈래로 갈라져도 반드시 동쪽으로 흐른다는 말이다. 모든 일은 결국 순리대로 된다. 여기서는 임진왜란 때 조선에 원군을 파병한 중국 명나라의 은혜를 잊지 말아야 한다는 뜻으로 풀기도 한다. 능운대凌雲臺는 6곡이고 7곡은 와룡암臥龍巖, 8곡은 학소대鶴巢臺, 9곡은 파곶巴串이다.

암서재는 4곡 금사담 위에 있다. 송시열은 커다란 바위 위에 세운 이 집을 "시냇가의 벼랑바위를 열어" 지었다고 읊었다. 암서재는 말 그대로 바위에 깃든 서재다. 금모래밭과 바위에 부딪히며 연못을 이루는 맑은 물, 바위 위에 터를 잡은 집이 암서재다. 암서재 앞 바위에는 '금사담金砂潭'이란 글자가 새겨져 있다. 금사담 동북쪽 바위 위로는 '충효절의' '창오운단 무이산공' '대명천지 숭정일월' 같은 글자들이 보인다.

송시열이 이곳에 암서재를 지은 때는 예순이 되던 1666년 8월(현종 7)이다. 노론의 영수였던 송시열은 1659년 1차 예송 논쟁(기해예송)에서 승리한 뒤 남인들을 대거 축출하고 정권을 독점했다. 그러나 효종이 죽으면서 송시열의 입지는 좁아졌다.

효종의 국상 때 자문을 맡은 송시열은 장례를 치르는 동안 엉성하기 그지없는 일로 남인의 공격을 받는다. 관이 시신보다 작아 입관이 되지 않자 궁여지책으로 관을 뜯고 나무를 덧대서 장례를 치렀다. 이 문제를 남인 계열의 고산孤山 윤선도尹善道(1587~1671)가 맹렬히 공격했다. 당초 효종의 장지는 당대 최고의 풍수이론가인 윤선도가 정했다. 윤선도는 수원부 청사 뒤 산등성이를 명당으로 지목했고 다른 지관들도 모두 길지라며 찬성의 뜻을 밝혔다. 송시열은 이곳을 장지로 할 경우 수원부를

시냇가의 벼랑바위를 열어 지었다는 암서재 입구

옮겨야 하고 군사들과 백성의 고통이 클 것이라며 반대했다. 결국 효종의 묘소는 이곳에 들어서지 못했다. 이곳에는 사도세자의 능이 들어선다. 묘소 정하는 논의에서 송시열이 윤선도를 눌렀지만 이 문제는 결국 송시열의 발목을 잡고 만다.

세월이 흐르자 효종의 장지가 잘못 정해졌다며 송시열을 탄핵하는 상소가 잇따랐다. 결국 여론에 밀려 고향인 소제동으로 돌아왔다가 화양동에 암서재를 짓고 2년간 칩거했다. 그는 1674년 승하한 현종 능의 지문을 써달라는 숙종의 명을 수차례 거부하다가 포항 장기와 거제도에 유배됐다. 가시나무로 울타리를 친 위리안치였다. 이후 청풍에 이배됐다가 1680년 경신환국으로 중앙 정계에 다시 복귀하면서 그는 화양동에 잠시 돌아왔다. 그 후 영중추부사 봉조하 등의 벼슬에 올라 화양동을 떠났다가 1688년을 끝으로 다시는 화양동에 돌아오지 못하는 신세가 됐다. 그는 이듬해인 1689년 기사환국으로 완전히 실권한 뒤 정읍에서 사약을 받고 죽었다.

암서재는 집을 짓고 살기에는 적당한 장소가 아니다. 우선 강을 건너야 하는데 그러려면 배를 타야 했고 물을 건넌 뒤에는 가파른 바위를 힘겹게 올라야 한다. 비가 와서 강물이 불어나거나 눈이 오기라도 하면 통행이 거의 불가능해진다. 그러나 경치는 숨이 막히도록 아름답다. 발 아래 펼쳐진 강에는 기암괴석이 즐비하고 정면에는 낙영산 중턱에 우뚝 선 첨성대가 눈에 들어온다.

암서재는 소박하다. 목조 기와에 동·서쪽 방 한 칸씩, 가운데 마루 1칸을 낸 세 칸 건물이다. 가파른 절벽 바위에 서실을 세우고 시를 읊는 고절한 선비의 기상에 딱 들어맞는다. 고집 센 원칙주의자이며 정적을 용납하지 않는 비정한 정치가, 딱 송시열이다. 그는 마루에 "내 집에 들어오는 자는 조정의 일을 말하지 말고 감사와 고을의 일을 말하지 말며 타인의 장단과 득실을 말하지 말라. 오직 경사를 이야기하고 의리를 분변하며 산수를 평하고 농사에 대해 말할 뿐이다"라는 원칙을 내걸고 드나드는 이의 입을 단속했다. 그러면서 철저히 주자의 삶의 방식과 학문을 따르며 책을 읽고 시를 읊조렸다.

시냇가의 바위벼랑을 열어 溪邊石崖關

그 틈에 집을 지었다 作室於其間

고요히 앉아 경전의 뜻을 배우며 靜坐曮經訓

시간을 아껴 높은 곳에 오르노라 分寸慾躋攀

_송시열, 「화양동 바위 위의 정사에서 짓다華陽洞巖上精舍吟」

송시열은 효종의 기일에 암서재 아래 바위에 엎드려 통곡을 했다. 그 바위가 화양구곡 중 3곡인 읍궁암이다. 대궐을 향하여 활처럼 엎드려 울어서 붙여진 이름이라고도 하고 '옛날 중국 형호에서 황제가 죽자 신하들이 황제가 남긴 활을 잡고 울었다는 고사에서 빌려온 것'이라고도 한다.

암서재는 송시열이 사약을 받고 죽은 뒤 돌보는 사람이 없어 허물어졌다. 김진옥金鎭玉이 송시열 사후 26년인 1715년(숙종 41)에 중건하고 다시 6년이 지나 송시열의 제자 한수재寒水齋 권상하權尙夏가 '암서재'라고 이름을 붙였다.

권상하는 송시열이 정읍에서 사약을 받고 죽을 때 자리를 지켰고 화양동에서의 송시열 발자취를 모아 「화양구곡」을 지었다. 또 송시열의 유언을 받들어 만동묘萬東廟를 조성하기도 했다. '만절필동'의 첫 글자와 마지막 글자를 따서 지은 만동묘는 임진왜란 때 원군을 보내온 명나라 신종과 마지막 황제인 의종의 신위를 모시고 제사를 지내는 사당이다. 황하가 수없이 꺾여가도 결국은 동쪽으로 흐른다는 뜻으로 오랑캐에게 만 번의 굴욕을 겪더라도 우리는 명나라를 섬기겠다는 말이다.

권상하의 암서재 중수기는 당시 화양동의 풍광을 잘 담고 있다.

"석대 아래로는 깊은 못이 있어서 뗏목은 물론 자그마한 배도 띄울 만하다. 때때로 한 조각 작은 배를 띄우고 물살을 따라 오르락내리락 하다보면 밑바닥이 훤히 보일 정도로 물이 맑아서 헤엄쳐 다니는 물고기를 하나 둘 셀 수 있다. 밤에 서재 창가에 기대어 있자면 달빛이 대낮처럼 환하고 영롱하게 세상을 비추고 있어 마치 수정의 세계에 들어와 있는 듯했다. 이때 우암 선생이 지팡이를 끌고 시를 읊으면 금석이 내는 소리처럼 울려 퍼져서, 문득 세상 바깥에 서 있는 듯한 생각이 들곤 했다. 주자가 무이산에 세운 무이정사의 맑은 정취와 비교하면 어느 쪽이 더 낫다고 할 수 있을까?"

송시열은 조선왕조실록에 이름이 3000번 정도나 거론될 정도로 논란의 중심에 선 인물이다. 평가가 극명하게 엇갈린다. 조선의 유학자 중

소박한 모습의 암서재.

송시열 초상 중에서도 뛰어난 수작으로 꼽힌다. 섬세한 얼굴 표현과 사실적인 묘사는 조선 중기 학문과 사상을 지배한 거두의 이미지를 잘 전달한다. 18세기 후반의 작품으로 보이나 17세기에 그려진 원본을 모사했을 가능성도 제기되어 있다. 국립중앙박물관 소장.

에서 유일하게 공자나 맹자, 주자와 같은 반열인 '송자宋子'로 추앙을 받는 인물이다. 중국의 명나라가 망하고 오랑캐 청나라가 들어선 마당에 주자학의 적통은 조선이 이어받았고 그 중심에 서인과 송시열이 있었다. 그는 평생 주자학을 수호하는 것으로 정권을 쥐고 흔들었다. 임진왜란과 병자호란으로 피폐해진 나라를 예학으로 일으켜 세워야 한다며 역사의 시계를 거꾸로 돌렸다. 그가 주창한 예학은 고대 주나라와 제후국을 묶어주던 규범적 기준이었다. 임금은 임금답게 신하는 신하답게 백성은 백성답게 예의를 바탕으로 역할을 수행하고 지킴으로써 나라의 근본을 잡아야 한다고 믿었다.

그는 지나쳤다. 과유불급이다. 시대는 변화를 요구했지만 그는 낡은 도구로 밭은 가는 완고한 농부 같았다. 주자의 절대 권위에 기대어 자신과 다른 학설을 주장하거나 주자의 경전을 다르게 해석하는 선비들을 사문난적으로 몰아 사정없이 탄압했다. 공포정치를 펼쳤다. 전쟁으로 피폐해진 나라를 개혁으로 바꾸어가는 대신 보수주의를 공고히 다져 시대의 흐름을 거꾸로 돌렸다. 대동법을 둘러싸고 같은 서인끼리 한당과 산당으로 갈라졌고 제자인 윤증과는 윤증의 아버지 윤선거의 묘지명을 써주는 문제로 갈등을 빚어 노론과 소론으로 패가 갈렸다. 그 유명한 '회니시비懷尼是非'다.

운영담. 하늘빛과 구름이 함께 서성인다.

송시열에게 죽은 대표적인 인물이 백호白湖 윤휴尹鑴(1617~1680)다. 송
시열보다 10살 연하였던 윤휴는 주자만이 세상의 진리라는 송시열의
입장에 맞섰다. 주자를 거슬러 올라가 공자와 맹자를 읽을 것을 주장
하고 '천하의 이치란 한 사람이 모두 알 수 있는 것이 아니다'라며 자신
만의 독창적인 경전 해석을 내놓았다. 경신환국이 일어난 1680년 5월
20일 서인이 다시 정권을 잡았다. 송시열은 윤휴에게 사약을 내리도록
했다. 죽음의 목전에서 윤휴는 글로 마지막 말을 남기려 했으나 거부당
했다. 그러자 "뜻이 다르면 쓰지 않으면 그만이지 죽일 것까지는 없지
않은가"라는 말을 남기고 약사발을 마셨다.

1689년 서인이 실각하고 남인이 집권한 기사환국으로 송시열도 사
약을 받았다. 숙종이 장희빈이 낳은 아들을 원자로 책봉하려 했다. 가
만히 있으면 송시열이 아니다. 격렬하게 반대하는 상소를 쓴 그는 역린
을 건드린 죄로 제주도에 유배를 갔다. 그러다 다시 국문을 받기 위해
서울로 압송되던 중 정읍에서 사약을 받고 생을 마감했다. 그의 나이
83세였다.

조선시대를 통틀어 가장 논란이 많았던 인물인 만큼 그의 죽음에 대
한 기록도 극단적으로 다르다. 김재구金載久는 『조야회통朝野會通』에서 송
시열의 마지막 장면을 이렇게 전하고 있다. "우암 송시열은 직령의를 입
은 후 사약을 마시고 죽었다. 그 전날 밤 흰 기운이 하늘에 뻗치더니 이
날 밤 한 규성이 땅에 떨어지고 붉은 빛이 우암이 죽은 지붕 위로 뻗쳤
다. 유명으로 관은 덧붙인 관을 썼다." 역사학자 이덕일은 규성은 이십
팔수 중 백호칠수白虎七宿의 첫째 별자리로 문운文運을 맡고 있는데 문운

이 다했으니 곧 죽음을 상징하는 것이라고 해석했다. '덧붙인 관'을 쓰라고 유언한 이유는 효종이 승하했을 때 관이 작아 부득이 널빤지를 덧붙이게 된 일을 죄스럽게 여긴 탓이다.

하지만 『명촌잡록明村雜錄』은 정반대의 기술을 하고 있다. 이 책을 쓴 이는 소론의 나량좌羅良佐다.

"정읍에서 사약을 받던 날 금부도사 권처경 앞에 꿇어 앉아 말하기를 '이것은 양전(효종과 명성왕후)의 어찰인데 감히 우러러 바칩니다'라고 했다. 권처경이 '나는 사사하라는 명만 받았으니 어찌 갖다드리겠소'라고 거부하고 서리에게 그 편지를 빼앗게 하여 그 자손에게 주었다. 송시열은 계교가 궁하자 다리를 뻗고 바로 드러누웠다. 도사 권처경이 재촉했으나 종시 마시지 않으므로 약을 든 사람이 손으로 입을 벌리고 약을 부었는데 한 그릇 반이 지나지 못해 죽었다."

송시열의 흔적은 암서재 외에도 논산의 팔괘정, 임이정, 남간정사, 우암고택 등에 남아 있다.

풍월 부르고
산천 끌어들여
한 백년 보내리라
:

담양 면앙정俛仰亭

면앙정은 전남 담양군 봉산면 제월리 제월봉翡月峰 아래 언덕에 있다. 너른 평야에 밥주발을 엎어놓은 것처럼 봉긋 솟은 봉우리 중턱에 터를 잡았다. 그 봉우리가 제월봉이다. 제월봉으로 오르는 길은 150여 개나 되는 돌 계단길이다. 길은 제법 가파르지만 야생화와 나무군락이 이어져 여유롭다. 참나무 빽빽한 숲 사이로 난 돌계단 길을 걷는데 이마에 땀이 송글송글 맺힌다. 4월 중순 제월봉 계단길 옆에는 자주괴불주머니가 소담스럽게 피어 있다. 양귀비목 현호색과의 식물이다. 계단이 끝나면 제법 너른 평지가 나오고 그 평지의 끝에 정자가 서 있다.

정자의 주인은 송순宋純(1493~1582). 호는 면앙정俛仰亭, 기촌企村이며 본관은 신평新平이다. 기촌은 송순의 고향이다. 문과에 급제하여 개성유수, 경상도관찰사, 이조참판, 대사헌, 우참찬 등 높은 벼슬을 지냈다. 그가 1519년 27세의 나이로 과거에 급제했을 때 조광조는 그의 문장이 김일손金馹孫(1464~1498) 이후 최고라고 칭찬했다. 김일손은 김종직의 애제자로 김종직의 「조의제문」을 사초에 실었다 하여 무오사회 때 죽었다.

'면앙俛仰'이라는 말은 『맹자』「진심盡心」에 나온다. 군자삼락君子三樂

중 두 번째 즐거움 "우러러 하늘에 부끄러움이 없고, 굽어보아 사람에게 부끄럽지 않은 것仰不愧於天 俯不怍於人"에서 얻었다. 윤동주의 「서시」 중 "죽는 날까지 하늘을 우러러 한 점 부끄럼이 없기를"의 모티브를 제공한 구절이다. 송순은 이 구절에서 부앙俯仰을 끄집어내 면앙俛仰으로 '학고창신學古創新'했다. 그는 「면앙정 삼언시」에서 정자를 지을 당시의 심정을 이렇게 노래했다.

굽어보면 땅이요, 우러러 하늘이라 俛有地 仰有天
정자 가운데 호연의 흥이 있네 亭基中 興浩然
풍월을 불러들이고 아름다운 산천은 끌어당겨 超風月 把山川
명아주 지팡이 짚고 가며 한 백년을 보내리라 扶藜杖 送百年

_송순, 「면앙정 삼언시」

정자는 정면 3칸에 측면 2칸의 흔한 구조다. 마루 가운데에 방 한 칸을 마련하니 자연스레 정면과 좌우 3면에 마루가 남는다. 마루에 앉아 시회를 하거나 술을 마시고 비가 오거나 날이 추우면 방안에서 은일의 삶을 즐겼을 터. 팔작지붕 처마의 네 귀에 활주를 달았다. 정자는 앞에 너른 마당을 펼쳐 보이다가 제월봉에 막혔다. 정작 탁 트인 경관은 정자 마루 뒤편에 있다. 가까이는 옥천산, 용천산 산줄기들이 어깨를 맞대 시립해 있고 발아래 사람의 집과 들판, 강이 펼쳐진다. 멀리는 추월산에서 무등산까지 100리에 이르는 풍광이 한눈에 조망되는 명소다.

4월의 면앙정이 햇볕을 받아 화사하다.

면앙정은 마루 가운데에 방 한 칸을 마련했다.

넓은 바위 위에 송죽을 헤치고 / 정자를 앉혔으니 구름 탄 청학이 / 천리를 가려고 두 날개를 펼친 듯 / 옥천산 용천산 나린 물이 / 정자 앞 넓은 들에 줄기마다 퍼진 듯이 / 넓거든 길지 말거나 푸르거든 희지 말거나 / 쌍용이 뒤트는 듯 긴 깁을 펴놓은 듯

_송순, 「면앙정가」

「면앙정가」에서 노래하듯 평야 사이를 "옥천산과 용천산에서 내려온 물이 정자 앞 넓은 들에 줄기마다" 퍼져 나간다는 강은 들판 가득 메운 비닐하우스에 가려 보이지 않는다. 산천도 의구하지 않고 인걸도 온데간 데 없다. 그럼에도 "10년을 경영하여 초가삼간 지어내니 나 한 칸, 달 한 칸, 청풍 한 칸 맡겨두고 강산은 들일 데 없으니 둘러두고 보리라"는 송순의 읊조림이 꼭 들어맞는 풍광이라고 생각했다. 정자가 있는 제월봉의 제월은 '비갠 하늘의 상쾌한 달'이라는 뜻이다. 황정견의 '여광풍제월如光風霽月(맑은 날의 바람과 비갠 날의 달과 같다)'에서 따왔다. 3칸 정자에 나 한 칸, 달 한 칸, 청풍 한 칸 맡겨두었다는 뜻을 알 만하다.

송순이 이곳에 정자를 짓게 된 때는 중종 28년(1533)으로 그가 41세 되던 해다. 김안로 일파가 세력을 잡자 공직에서 물러나 이곳 고향집 산언덕에 정자를 짓고 시를 읊으며 지냈다. 3년을 은거한 끝에 김안로가 죽자 다시 조정에 나아갔다가 77세에 의정부 우참찬을 끝으로 공직을 마친다. 그는 다시 이곳에 돌아와 91세에 세상을 떠나기까지 유유자적했다. 이곳에서 이황과 교류했으며 김인후, 기대승, 박순, 임제, 정철 같은 후학과 함께 호남 제일의 가단歌壇을 이루었다.

송순이 호남 가단에서 얼마나 대단한 위치에 있었는지를 보여주는
사례가 있다. 그의 나이 87세(1579) 때다. 과거 급제 60주년을 기념하
기 위한 회방回榜 잔치가 열렸다. 선조가 호조에 명하여 선물을 보내왔고
전라도관찰사와 이웃 고을의 군수, 목사, 현감, 부사, 현령 등 유명 인사
100여 명이 참석해 성황을 이뤘는데 잔치를 마치자 정철, 임제, 고경명,
이후백 등 4명의 제자가 스승을 손가마에 태우고 언덕길을 내려왔다.

정철, 임제 등이 송순을 가마에 메고 내려온 일은 하나의 '사건'이었
다. 200여 년이 지난 1798년 정조가 전라도 유생들을 대상으로 실시하
는 과거에서 '하여면앙정荷興俛仰亭'이라는 시제를 내릴 정도로 아름다운
사제 모습으로 오래도록 입에 올랐다.

송순은 면앙정에서 뜻을 같이하는 인사들과 '면앙정가단'을 결성해
풍류를 즐기며 소위 '면앙우주'를 펼쳐보였다. 천지만물의 이치를 심성
의 수양으로 내면화하는 이상적 공간이 면앙우주이고 그 이상을 실현
하는 현실적 공간이 면앙정이었다.

정자 앞마당에는 「면앙정가」한 구절을 새긴 비가 있고 송순이 정
자를 지은 뒤 심었다는 참나무 두 그루가 앞뒤로 시립하듯 서 있다. 소
박한 외관과는 달리 정자 안은 가사 시인들의 전시회장 같다. 고봉 기
대승의 「면앙정기」, 백호 임제의 「면앙정부」, 석천 임억령의 「면앙정
30경」, 송순 자신의 「면앙정 삼언가」도 판각돼 걸려 있다. 퇴계 이황과
하서 김인후의 시도 걸려 있다.

송순이 마냥 산수만 노래하며 소요했던 것은 아니다. 그는 기묘사
화, 을사사화, 임진왜란을 겪으며 시대를 아파한 지식인이기도 했다.

1545년 을사사화로 한차례 피바람이 불었다. 그때 지은 시가 「상춘곡傷春曲」이다. 정극인의 「상춘곡賞春曲」이 봄의 즐거움, 봄을 바라보는 기쁨을 노래한 것과 달리 송순은 을사사화로 죽어간 선비들을 지는 꽃에 비유하며 아픈 봄을 노래했다.

"꽃이 진다고 새들아 슬퍼마라 / 바람에 흩날리니 꽃의 탓 아니로다 / 가노라 훼방 놓는 봄을 시샘하여 무엇하리."

송순은 제월봉 아래 언덕에 정자를 세우고 시를 지으며 추월산에서 무등산까지 100리에 이르는 풍광의 주인이 됐다. 시를 통해 정자 속으로 바람과 달을 불러들이고 산천을 끌어들였다. 시를 통해 불러들인 풍월강산을 다시 제자리로 돌려보내며 자연과 소통했다. 정자에서 사계절의 변화와 강물이 흐르는 모양을 관찰하고 노래했으며 하늘을 나는 청학, 기러기와 벗하기도 했다. 가마 타고 좁은 길을 가는 모습을 그리기도 하고 술이 익으면 친구들을 불러 마시며 강산풍월의 맹주가 됐다.

면앙정은 소박하고 특징 없는 정자이지만 송순 자신을 비롯해 정철, 임억령, 임제, 기대승 같은 작가를 배출한 위대한 건축물이다. 송순의 무덤은 정자에서 제월봉 정상 쪽으로 100미터 지점에 있다. 담양 식영정의 주인인 임억령은 송순의 시운을 차운해 면앙정을 이렇게 노래했다.

재주가 다하니 시를 얻기 어렵고 才盡詩難就
늙으니 잠들기도 쉽지 않다 年衰睡不成

속세는 나그네에게 한이 되고 塵埃爲客恨

강과 바다는 고향의 정을 추억하네 江海憶鄕情

산을 끼고 있으니 오히려 바라보지 못하고 山擁寧辭望

해바라기는 말라서 죽어가네 葵枯肯廢傾

곤궁하여 수심에 잠기니 이 마음 어디에 쏟아버리나 窮愁何處瀉

관가에서 담은 술은 단지에 가득 맑은 빛이 도네 官醸滿壺淸

_임억령, 「기촌의 시운을 받들어 차운하다 奉次企村韻」

노인이 동쪽 바닷가에
정자를 지은 까닭은
:

동해 해암정海巖亭

●

강원도 동해시 북평동 추암湫岩은 삼척시와 경계지점에 있다. 본래는 삼척이었는데 1980년 삼척읍 북평동과 명주군 묵호읍이 떨어져 나와 동해시로 통합되면서 지금은 동해시의 명물이 됐다. 추암역 아래 굴다리를 지나 개울 옆길을 따라가면 수백, 수천 개의 기암이 작은 산처럼 바다를 막아 서 있는 광경이 파노라마로 펼쳐진다. 추암이다. 추암은 바람과 파도, 세월이 빚어낸 거대한 조각품이다. 어떤 바위는 뾰죽뾰죽한 송곳을 닮기도 하고 어떤 바위는 불상을 조각한 것 같기도 하다. 바위동산 전체가 금강산을 닮았다고 '금강산 미니어처'라고도 한다. 바위들은 저마다 기기묘묘한 자태로 버티고 서서 휘몰아치는 바람과 파도를 막아서고 있다. 바위를 때리고 바위 위로 솟아오르는 파도가 장엄하다.

해암정은 그 기기묘묘한 바위 아래 엎드려 있다. 바위동산을 담장으로 하고 바위 너머 바다를 후원으로 삼았다. 정자 밖에서 보면 바위를 때리는 파도 소리가 우렁차다. '철썩철썩 쏴아' 최남선이 그의 시 「해에게서 소년에게」에서 표현한 그 원초적이며 신체시적인 소리가 들린다. 그런데 막상 정자 안에 들어서면 세상과 단절된 듯 적막하다. 신기하게

촛대바위에 파도가 치고 있다. 뒤로는 망망한 바다다.

도 파도 소리는 들리지도 않는다. 정자에 발을 들이는 순간 다른 세계에 들어선 듯 정적이 흐른다. 정자 천정에는 중수기와 시편을 새긴 현판이 분위기를 압도한다.

천 길 절벽은 얼음을 쌓아올린 듯 千仞稜層鏤積氷

구름 낫, 우레 도끼로 얼마나 찍었을까 雲斤雷斧想登登

발로 차며 못을 건너 뛰는 천리마요 散蹄欲駐奔淵驥

옷을 걷고 놀다보니 바다에서 목욕하는 붕새로다 褰喝警看浴海鵬

물결소리 글 읽는 것 같아 사전이 생각나고 順浪高吟思謝傳

파도는 붓 모양 이루니 임승이 생각나네 觀濤奇筆憶林乘

봉래산은 이리로 가야 하는데 蓬山此去無多路

능파의 물결 두려워 못가겠구나 却恐凌波到不能

_이식, 「능파대凌波臺」

해암정은 삼척 심씨의 시조 신재信齋 심동로沈東老(1310~?)가 고려 공민왕 10년(1361) 관직을 그만두고 추암으로 내려와 건립한 정자다. 이름이 한漢이고 호가 신재信齋다. 검교 심수문沈秀文의 아들이다. 한림원사翰林院使 등을 역임했다. 고려 말의 혼란한 국정을 바로잡으려 했으나 뜻대로 되지 않자 늙은 부모님을 모시겠다며 벼슬을 버리고 낙향했다. 왕이 만류했으나 뜻을 이루지 못하자 동로東老(노인이 동쪽으로 간다)라는 이름을 하사했다. 그때부터 본명 한 대신 동로를 이름으로 썼다. 낙향한 후에는 후학을 양성하거나 풍월을 읊으면서 세월을 보냈다. 왕은 그를

해암정은 바위동산을 담장으로 하고 바다를 후원으로 삼은 정자다.

진주군眞珠君으로 봉하고 삼척부를 식읍食邑으로 하사했다.

심동로는 해암정海巖亭을 짓고 죽서루를 오가며 풍류를 즐겼다. 삼척을 찾는 고려의 관리와 시인묵객들이 심동로를 찾아와 해암정은 물론 죽서루에서 시주를 즐겼다. 척약재惕若齋 김구용金九容이 안사安使로 순시 왔다가 심동로의 집을 방문하여 그의 호 신재를 써서 편액을 걸어주었다. 예빈시승禮賓侍丞을 지낸 이구李球가 동로와 놀며 지은 시가 죽서루에 걸려 있다. 심동로는 해암정뿐만 아니라 죽서루에서도 손님을 맞아 시주를 즐겼다.

삼척의 관루는 죽서루인데 三陟官樓是竹西

누중의 가객은 심중서로다 樓中佳客沈中書

지금과 같이 백발인데도 시와 술에 의탁해서 如今日能髮詩酒

한가한 날 나를 위해 즐거운 자리를 베풀었노라 暇日相遊爲說余

_이구,「증사인심동로贈舍人沈東老」

만년에 고려 조정에서 그에게 예의판서禮儀判書와 집현전제학集賢殿提學을 내렸으나 사양했으며, 사후에는 강릉부 남쪽 망상촌(오늘날 동해시) 부곡 북쪽 언덕에 장사 지냈다고 한다. 매년 양력 5월 5일 그의 후손들이 이곳에 모여 제사를 지내고 있다. 본관을 삼척三陟으로 한 것은 심동로의 유언에 따른 것이다.

정자는 본래 건물이 소실된 후 조선 중종 25년(1530)에 심동로의 7대손 어촌漁村 심언광沈彦光이 강원도체찰사로 부임하여 중건하고, 정조

18년(1794)에 다시 중수했다. 1단의 석축 기단 위에 세운 정면 3칸, 측면 2칸의 건물이며 팔작지붕을 얹었다. 정자 뒤쪽에 있는 문을 열면 기암괴석이 병풍처럼 둘러 서 있고 바위를 때리는 파도 소리가 귀가 아플 정도로 요란하다.

> 장수가 던진 촉순이 壯士擲蜀筍
> 용궁에서 떠올랐는지 浮出龍王穴
> 하늘에서 어진 스님이 天台賢聖僧
> 술잔을 바다에 띄웠으나 浮杯東海越
> 다 싣지 못했을 걸 齊諧猶不載
> 수궁에도 대궐이 있으니 水經亦有闕
> 큰 벼루를 만들려 했던가 不如作大硯
> 아니야, 옥이 아니면 저렇게 좋게 안나지 不礦亦不裂
> 저 하늘이 종이 같으면 靑天以爲紙
> 크게 취해 저 바다와 달을 읊을 걸 大醉酒海月

_임억령,

「어쩌 이런 괴석이 바닷가에 우뚝 펼쳐졌을까 進士李君善登凌波臺來言石狀奇甚」 중

해암정이 있는 곳은 동해판 '그리스 신화'가 전해온다. 풍광이 아름답고 괴기한 곳은 늘 그렇듯 신선이 놀았다고 한다. 사람들은 이 풍광을 '해상선구海上仙區'라고 불렀다. 서쪽 바위 위에는 신선들의 우차가 지나간 발자국이 남아 있고 산 위에는 용의 시체를 묻은 용묘가 있다는 전

설이 전해온다. 가뭄이 심할 때는 여기서 기우제를 지내기도 했다.

정자 정면에는 세 개의 현판이 있다. 왼쪽 전서체 '해암정'은 시택時澤 심지황沈之潢이, 가운데 해서체 '해암정'은 송시열이, 오른쪽 초서체 '석종람'은 정철이 썼다고 한다. 심지황은 일제 강점기 때 강릉에서 활동하던 서예가다. 송시열은 2차 예송논쟁에서 패해 덕원으로 유배를 가던 중 이곳에 들러 현판 글씨를 썼고 시도 한 수 남겼다. "풀은 구름과 아우르고 좁은 길은 비스듬히 돌아든다草合雲深逕轉斜." 송시열의 유배길에는 따르는 문생이 많았다. 또 덕원 유배지에서도 그에게 가르침을 받으려는 유생들이 몰려드는 바람에 조정은 그를 다시 포항 장기로 위리안치했다가 4년이 지나서 다시 거제로 보냈다.

재미있는 일은 예송논쟁의 결과로 얻은 삼척과 동해시의 어부지리다. 남인의 영수였던 미수眉叟 허목許穆은 1차 예송논쟁에서 패해 삼척부사로 좌천됐다. 그 결과 그의 대표적인 작품으로 꼽히는 '동해척주비'를 삼척에 남겼다. 죽서루의 '제일계정' 현판도 그의 작품이다. 2차 예송논쟁 '리턴매치'에서는 서인의 영수인 송시열이 패해 덕원 유배가 결정됐다. 그 덕에 해암정 현판 글씨와 시문이 동해시의 관광자원이 됐다. 정철은 강원도관찰사를 지내며 「관동팔경」을 지었는데 그 무렵에 해암정에 들렀을 것으로 보인다.

정자 현판 가운데 눈길을 끄는 것은 한명회韓明澮의 「능파대기凌波臺記」다.

"흡사 사람이 눕기도 하고 비스듬히 서 있는 것 같기도 하고 또는 호랑

정자 뒤쪽의 문을 열고 내다본 풍경.
파도소리가 요란하다.

이가 끓어앉은 것 같기도 하고 용이 비틀거리는 것 같이 천태만상을 이루었으며 소나무가 우거져서 그 사이로 비치니 참으로 조물주의 작품이라 하겠다. 강원도 경포대, 총석정과 그 경치가 비슷한데 기이한 점은 더욱 좋다. 속되게 '추암'이라고 이름 하는 것은 무슨 이유인고. 이제라도 자연에 대해 부끄럼이 없게 '능파대'라 하고 그 이름을 고치노라."

추암은 촛대바위라는 뜻이다. 한명회는 촛대바위가 못마땅했다. 속되고 촌스럽다고 여겼던 모양이다. 그래서 '능파대'라고 이름을 고쳐서 기문까지 써서 걸었다. '능파'는 급류의 물결 또는 파도 위를 걷는다는 뜻으로 미인의 아름다운 걸음걸이를 뜻한다. 그러나 이 고상한 이름은 사람들의 마음을 사로잡지 못했다. 한명회의 정치적 몰락과도 관계가 있을지도 모르겠다. 사람들은 촛대바위를 더 선호했다. 한명회의 개명 노력은 수포로 돌아갔다.

해암정 동쪽 동산에 있는 추암 촛대바위는 한국관광공사가 지정한 겨울에 가볼 만한 곳 10선에 드는 절경지다. 또 한국인이 꼭 가봐야 할 국내 관광지 100선에도 들었다. 애국가 영상의 첫 소절 배경 화면으로 등장해 이름을 떨치기도 했다. 촛대바위도 바위지만 그 옆에 시립해 있는 바위들도 장엄하다. 푸른 바다는 하얀 수건을 던지면 쪽빛 물이 묻어날 것 같다. 그 바다에 우뚝 서 있는 바위는 경외감까지 불러일으킨다. 특히 촛대 바위에 달이 걸려 있는 풍경과 어둠을 뚫고 해가 떠오르는 일출은 명승 중에서도 손에 꼽을 정도로 아름답다.

700년 전 이 아름다운 곳에 정자를 짓고 안빈낙도 여생을 즐겼던 심동로는 이렇게 노래했다.

　일찍이 갈매기와 더불어 바닷가에서 늙으니

　일생의 행적이 바람결 같구나

　부귀공명은 다 헛된 일이니

　매미껍질 벗듯이 일찍이 관직을 버렸소

늦게 돌아온
자연에서 누리는
청복

:

성주 만귀정晩歸亭

●

포천布川계곡은 성주군 가천면 신계리에 있는 가야산의 수많은 계곡 중 하나다. 바위에 짙푸른 무늬가 있어 마치 베布를 널어놓은 것 같다 하여 그렇게 부른다. 이 계곡이 명승으로 이름을 날린 것은 응와凝窩 이원조 李源祚(1792~1872)가 이곳에서 만년을 보냈기 때문이다. 이원조는 이 계곡의 아홉 구비 핵심 경승지를 포천구곡으로 정하고 구비마다 이름을 붙인 뒤 시를 써「포천구곡가布川九曲歌」를 완성했다.

약 7킬로미터에 이르는 구곡은 너럭바위와 소沼, 작은 폭포가 수도 없이 펼쳐지는 절정의 경승지다. 1곡은 '법림교法林橋'다. 구곡이 시작되는 곳이다. 이원조는 '법림교 아래서 비로소 맑은 물 흐르네 / 유람객들이 여기서부터 근원을 찾아 올라가네'라고 썼다. 2곡은 '조연槽淵'이다. 바위가 구유처럼 파여 연못을 이뤘던 모양이다. 조연은 흔적을 찾기 어렵다. 3곡은 '구로동九老洞'이다. 포천교 아래 계곡을 뒤덮고 있는 반석을 말한다. "하얀 바위가 불룩불룩하고 고목이 그 위를 덮고 있는데 옛날이 고을의 아홉 노인이 함께 놀면서 바위에 글자를 새겼다"라는 기록이『포천지』에 있다.

계곡에서 본 만귀정. 가운데가 부속 정자인 만산일폭루이고, 오른쪽이 만귀정이다.

4곡은 이 계곡의 주인 격인 '포천布川'이다. "바위에 짙푸른 무늬가 있어 마치 베를 널어놓은 듯하다. 포천이라고 이름 지은 것은 이 때문이다"라고 설명했다. 5곡은 '당폭堂瀑'이다. "시냇가에 큰 바위가 있는데 평퍼짐하게 펼쳐진 것이 마치 마당과 같다. 마을 사람들이 빨래를 하고 타작을 한다. 절벽이 몇 길 높이로 솟아 있는데 시냇물이 우레 같은 소리를 내며 뿜어져 나오고 그 위를 꽃과 나무가 뒤덮고 있다." 6곡은 '사연沙淵'이다. 사량촌이라는 마을이 있는데 그 마을 앞을 흐르는 계곡이 연못을 이뤘다. 7곡은 '석탑동石塔洞'이다. 계곡가의 돌들이 석탑처럼 층층이 포개져 벼랑을 이루고 있다. 8곡은 '반선대盤旋臺'로 "해마다 고을 사람들이 이곳에 모여 술을 마신다. 물이 달고 땅이 비옥하니 은자가

만귀정 옆의 폭포.

깃들어 살기에 마땅하다." 9곡은 포천구곡의 대미를 장식하는 '홍개동
洪開洞'이다. 계곡이 넓게 확 열리는 곳이다.

만귀정은 포천 구곡의 하이라이트 홍개동에 있다. 왜 이곳에 정자를
지었는지 만귀정의 주인 이원조의 이야기를 들어보자.

"홍개동은 내가 터를 잡아 집을 지은 곳이다. 두 폭포가 나뉘어 흐르며
돌들이 바둑알처럼 놓여 있다. 사방은 산으로 둘러쳐 있으며 숲속의
나무들은 무성하다. 내 정자는 서쪽 벼랑에 남쪽으로 향하고 있다. 수
석의 아름다움과 은거의 즐거움은 별도로 기록해두었다. 이곳을 지나
면 가야산의 가장 높은 봉우리가 나온다."

이원조가 말한 가야산의 가장 높은 봉우리는 칠불봉(1432미터)으로
정자에서 보이는 울퉁불퉁한 산꼭대기가 그것이다. 이원조는 정자를
짓고 그 기쁨을 '복된 건축'이라고 했다.

아전리 마을 외지고 죽천은 깊어 牙田欠狹竹川深
갈곡의 시냇물 앞에서 만년이 유쾌하다 葛谷前溪晩愜心
삼면 바위 사이로 쌍폭이 나뉘어 흐르고 雙瀑分流三面石
사방의 산이 구릉 숲을 둘러싸고 있네 四山環擁一邱林
천 년 세월 숨겨둔 곳이라고 말하지 말게 莫言慳秘千年久
지금껏 십 년을 가꿔온 곳이라네 自是經營十載今
금강산에 가고 싶었던 마음의 빚은 갚고 好去金剛遊債了

돌아와 구름 보며 물가에 한가로이 누웠네 歸來閑臥水雲濱

_이원조의 시「복축福祝」

이원조는 본관이 성산이다. 호는 응와. 응취정신凝聚精神(정신을 한 곳에 모음)과 지덕응도至德凝道(지극한 덕으로 도를 이룸)에서 따왔다. 양반촌으로 유명한 성주 대포리 한개마을에서 출생했다. 증조부 돈재 이석문은 '북비공北扉公'으로 불린 충절의 선비로 영조 때 사도세자의 호위무관이었다. 사도세자가 뒤주에 들어가자 영조가 이석문에게 큰 돌을 뒤주 위에 올리라고 명했다. 그는 그렇게 할 수 없다고 버텼다. 결국 곤장 50대를 맞고 파직됐다. 영남은 남인의 땅이다. 한개마을로 돌아와보니 일가붙이는 물론 앞집에 사는 사촌까지 모두 사도세자를 죽이는 데 앞장선 노론으로 돌아서 있었다. 사촌과 사촌 집을 드나드는 인간들과 마주치고 싶지 않았다. 이 꼴 저 꼴 보고 싶지 않아 문을 뜯어 담을 쳤다. 북쪽 담에 사립문을 내고 쳐다보지 않았다. '북비'는 북쪽으로 사립문을 냈다는 뜻이다. 한개마을에 있는 응와종택을 북비고택으로 부르는 이유다.

이원조는 정종로 문하에서 공부했다. 열 살에 사서와 시서에 통했으며 열여덟에 별시문과에 급제했다. 산간벽촌의 18세 소년이 과거에 급제했다. 당시로서는 '사건'이었을 것이다. 소년등과는 세 가지 불행 중의 하나라고 했다. 오만을 경계하는 말이다. 그는 19세 때 가야산을 유람하고 빠른 출세를 경계한다는 의미로 '만와晩窩'라고 자호를 지었다. 스무 살에 벼슬길에 나갔지만 소년등과를 경계하며 공부를 게을리 하지

만귀정. 너무 늦게 돌아와 부끄럽다는 뜻이다.

않았다. 한성판윤, 공조판서, 판의금부사 등 요직을 두루 거쳤다.

그는 벼슬을 하는 내내 자연으로 돌아가기를 원했다. 48세 때 군수품을 관리하던 군자감정이 됐다. 숙소에 '불망귀실不忘歸室'이라는 현판을 걸었다. 자연으로 돌아가는 것을 잊지 말자는 다짐이었다. 그는 59세에 고향으로 돌아온다. 경주부윤으로 재직하던 중 경상좌도 암행어사 김세호의 탄핵을 받았다. 청천 수렴동에 터를 잡았다가 조암의 강언덕으로 갔다가 세 번 만에 아령의 폭포가 있는 곳에 만귀정을 지었다. '만귀'는 도연명의 '귀거래'를 가슴에 품고 있었지만 너무 늦게 돌아왔다는 부끄러움을 담고 있다. 현판 글씨는 이원조가 자산부사로 근무할 때 당시 예서의 대가인 소눌小訥 조석신曹錫臣에게 미리 받아두었다.

그는 「만귀정기」에 이렇게 썼다.

"벼슬길의 종적을 거두고 고요한 곳에 몸을 쉬려 한다. 성인의 경전을 안고 구름과 달 속에 노닐면서 사람들이 맛보지 못한 것, 즐기지 못한 것을 음미하고 즐기려 한다. 구양수가 태자소사로 벼슬을 그만두고 영주에 돌아가 만년을 마치며 절의를 보존한 것처럼 위나라 거백옥이 자신의 양심에 비추어 허물을 줄이려 한 것을 따르련다. 인정을 알리는 종 이후에도 밤길을 다닌다는 기롱(70세가 넘어서 벼슬살이를 하는 것을 놀림)을 면하여 바야흐로 이 정자의 이름에 저버림이 없고자 내력을 기록하여 맹세한다."

만귀정은 정면 4칸, 측면 1칸 반 규모다. 안마당을 사이에 두고 만귀정과 평삼문이 이자형二字形으로 놓여 있다. 평삼문에는 '만귀산방晩歸山房'이라는 편액이 걸려 있다. 평삼문 입구에는 철제로 된 '고판서응와이선생흥학창선비故判書凝窩李先生興學倡善碑'가 서 있다. 이원조의 학통을 이은 한주寒洲 이진상李震相이 그의 학문과 덕행을 영원히 기리기 위해 철판에다 새겼다. 정자 담장은 거대한 바위 여러 개를 석축으로 연결해 쌓았는데 구불구불한 곡선이 아름답다. 낭떠러지 쪽에 길을 내주다보니 낭떠러지가 생긴 대로 길이 구불구불하고, 담장은 또 길을 따라 구불구불

커다란 암석을 이용해 만든 담장.

하다. 들일 곳은 들이고 내밀 곳은 내밀어서 생긴 대로 구축한 자연의 미학이 고스란히 담겨 있다.

정자에서 계곡 쪽으로 작은 정자가 하나 더 있는데 '만산일폭루萬山一瀑樓'다. 만귀정에서 계곡의 폭포나 산 정상을 보고 싶으면 이곳에서 즐겼다. 일종의 부속 건물인 셈인데 계곡 쪽으로 한발 더 내디디고 있다. 온 산에서 내려온 계곡물이 결국 하나의 폭포로 연결된다는 말이다. 온 갖 사물의 서로 다른 현상이 하나의 원리로 귀결된다는 만수일리萬殊一理의 철학을 담고 있다. 한 가지 일에 정통하면 만사가 형통인데 만 통을 하려다가 일통도 하지 못하는 우를 범하지 말라는 경계다.

만산일폭루에서는 포천계곡을 가르는 폭포 소리가 장쾌하게 들린다. 소리가 맑고 물이 깨끗해 '귀를 씻을 만洗耳'하다. 삼단으로 펼쳐지는 폭포가 한눈에 들어오고 멀리 가야산 꼭대기 칠불봉이 병풍처럼 막아선 모습도 보인다. 가을이 끝나가지만 아직은 나무에 단풍이 무성하다. 계곡으로 낙하하는 낙엽과 계곡물에 쓸려가는 홍엽의 물결이 잘 찍은 영상물이다. 산마루에서 계곡을 타고 달려가는 바람소리, 바람이 지나가고 난 뒤 울려오는 폭포 소리가 통쾌하다. 이 아름다운 정자에서 이원조는 이렇게 노래했다.

늦게 돌아옴을 한탄치 않네 弗限歸來晚
올해가 육순이 되는 해라네 今年始六旬
참으로 세상 생각을 잊은 것 아니지만 非眞忘世念
오로지 한가하게 몸을 기를 수 있네 聊可養閒身

궁벽한 곳에 있으니 심신이 평안하고 處僻心神穩
황무지를 열어가니 안목이 새롭네 開荒眼目新
산림에 사는 이것이 본분이니 山林施本分
조물주는 내게 성내지 마시길 造物莫余嗔

_이원조, 「만귀정」

초당에 몸을 누이니
영쇠가 덧없구나

:

경주 덕봉정사德峰精舍

덕봉德峰 이진택李鎭宅(1738~1805)은 낭만가객이었고 풍운아였다. 소신 있는 행정가였으며 세상을 바꾸려는 개혁가이기도 했다. 43세가 되던 해, 식년 문과에 급제했다. 승문원 부정자, 성균관전적, 예조정랑을 거쳐 사헌부지평과 장령 등 주로 청직을 맡았다. 정조의 신임을 얻어 백련을 선물 받기도 했고 왕이 여는 시회에 참석해 시를 주고받기도 했다. 시노비 제도를 폐지하는 한편 농정 현실을 반영한 「농무책자오조」를 건의하며 개혁을 주창했다.

정조가 죽은 뒤 65세의 만년에 조선의 극악지인 함경도 삼수에 귀양을 가는 굴곡진 생을 살았다. 그는 자기 생에 먹구름이 일 때마다 경승지를 찾아다니며 시와 글을 남기는 낭만가객이었다. 귀양을 가는 와중에도 관동팔경을 지나며 시를 남겼고 과거시험을 보기 위해 한양에 머물렀다가 과거에 낙방하자 냉와泠窩 안경점安景漸(1722~1789)과 함께 금강산에 들러 「금강산유록」을 남겼다. 동행했던 안경점은 예조좌랑 벼슬을 내던지고 오래 꿈꾸던 금강산 유람을 결행했던 터였다.

이진택이 말년에 초당을 짓고 후학을 양성하던 곳이 덕봉정사다. 본

덕봉정사가 연못을 끼고 아담하게 자리하고 있다.

래는 초당이었으나 110년 전쯤 증손인 이우영이 확장하고 중창했다. 경주시 마동馬洞에 있다. 마동은 마을이 말 모양을 닮았다는 데서 유래됐다는 설과 조선시대 역참에 소용되는 말을 먹이는 마을이라는 데서 나왔다는 설이 있다. 인근에 방어리역이 있었다고 한다. 불국사역이 있는 구정동에서 불국사 쪽으로 가다보면 경주문화재연구소가 나오는데 조금 지나 오른쪽으로 꺾으면 오래된 소나무 숲이 보인다. 소나무 숲에서 왼쪽으로 접어들면 왼쪽에 규모가 큰 무덤이 나온다. 덕봉 이진택의 무덤이다. 무덤 앞에 펼쳐지는 연못과 연못에 붙어 있는 고색창연한 정자가 덕봉정사다.

정자는 'ㄴ'자 형태다. 방이 두 칸인데 서쪽 방은 덕봉의 호를 따 '덕봉헌'이고 동쪽 방은 '경모재'다. 방과 방 사이에 대청마루가 있고 경모재 앞에는 누마루를 내 'ㄴ'자를 뒤집어놓은 형태의 건축물을 완성했다. 정자 내부는 독특하다. 폐사찰 건축자재를 활용했다는데 양쪽 방문 위에 여의주를 입에 문 용 목각을 배치했다. 정자 앞 연못에는 시든 연꽃대가 물속에 잠겨 있고 헐벗은 배롱나무가 서 있다. 정자 옆에는 대나무 숲이 울창하고 키 큰 소나무가 시립하고 있어 마을 속에 있으면서도 경승지 풍광을 갖추고 있다. 연꽃과 배롱나무가 꽃을 피우는 여름에는 경관이 더 뛰어날 것이다.

정자 주인 이진택은 정조의 정치적 동지였다. 정조의 탕평책을 후원하고 실행했다. 남인들이 주장하는 사도세자 신원 문제와 노론이 요구하는 시노비寺奴婢 폐지를 공평하게 처리했다. 사도세자 신원 문제를 제기한 영남 사림이 만인소를 들고 올라오자 영남 출신의 관리들을 규합하여 상소를 올렸고 정조의 비답이 시원치 않자 자신이 홀로 상소를 올렸다. 뜻이 관철되지 않자 벼슬을 던지고 낙향했다. 시노비 폐지는 개혁가 이진택의 면모를 보여주는 사례다. 그는 시노속안을 폐지하는 것을 골자로 하는 「사대직겸진시노혁파소」를 올려 관철시킴으로써 조선 땅에서 관청의 공노비를 없앴다.

장령 이진택이 올린 상소는 이렇다.

"오늘날 백성이 받는 폐단에 대하여 말할 만한 것이 많지만, 가장 가엾고 보전하기 어려운 자들은 바로 시노寺奴입니다. 똑같은 백성인데도 한

마루를 두른 난간의 문양이 화려하다.

여의주를 입에 문 용 목각.

번 종이라는 명칭이 붙게 되면 자자손손 영원히 천역을 하게 되고 평민의 대열에 끼지 못하기 때문에 남자는 늙을 때까지 장가들지 못하고 여자는 죽을 때까지 시집가지 못하는 자가 있습니다. 이것이 어찌 하늘의 화기를 손상시키는 하나의 단서가 아니겠습니까. (…) 노비속안奴婢續案을 영원히 폐지하여 다른 명색으로 바꾸어 만들고 일반 백성과 동일하게 보아서 신역만을 책임지게 함으로써 양민과 천민이 똑같은 대우를 받아 피차간의 구별이 없게 해야 합니다."

이 주장이 믿어지는가? 21세기 대한민국이 아니고 18세기 조선에서 나온 상소문이다.

그는 꼿꼿한 선비이기도 했다. 개성 경력經歷으로 근무할 당시다. 청나라 칙사가 황제의 부음을 전하러 왔다. 칙사가 가는 곳마다 술과 음악이 넘쳐났다. 소위 '칙사 대접'이다. 이진택은 어떠한 향연도 베풀지 않았다. 칙사가 왜 잔치가 없느냐고 따지고 들었다. 이진택은 "황제가 죽으면 모든 음악을 금지해야 하는데 칙사에게 술과 음악을 베푸는 것은 도리에 어긋나는 것이 아닌가"라고 되물어 칙사를 꼼짝 못하게 만들었다. 이 말을 들은 정조가 "본디 그 사람의 어짊을 알고 있었는데 이번에 큰일을 했다"고 기뻐했다. 정조의 성정대로라면 칙사를 한 대 쥐어박고 싶었을 것이다. 그러던 참에 이진택이 기대를 저버리지 않고 황음무도한 칙사를 혼내줬던 것이다.

정조가 그를 얼마나 깊이 신임했는지를 보여주는 사례가 세심대에서 열린 시회다. 정조 15년(1791) 3월 정조와 영의정 이복원, 좌의정 체제공, 이조판서 홍양호 등이 꽃놀이를 하면서 차례로 시를 읊었다. 그 자리에 이진택도 참석해 시를 지었다. 왕과 정승 판서들이 벌이는 꽃놀이에 사헌부장령이 함께 어울린 것이었다.

새벽에 길 나서니 막 봄이 왔구나 星駕當春發
궁중의 가락인 듯 날씨도 온화하다 雲韶鐵日暄
사방팔방에 꽃동네가 열리고 八方開花域
이름난 정원마다 수목이 우거졌네 千樹擁名園
저 멀리 남산까지 땅이 열리고 地接南山逈
북극성 하늘에 임하여 빛내시니 天臨北極尊
세심대 아래 맑은 물 움켜 와서 掬來臺下水
술잔에 채워 이 마음 씻으리라 添得洗心樽

좋은 시절은 흐르는 물처럼 쉬이 간다. 사람은 누구나 한번 발을 담근 계곡물에 다시는 발을 담글 수 없다. 이진택이 벼슬살이를 끝내고 고향 경주로 돌아왔을 때 그의 나이 63세였다. 그해에 정조가 붕어했다. 9월에 국장을 치르러 상경했다가 11월에 다시 경주로 돌아왔다. 64세인 1801년 마동에 덕봉정사를 지었다. 고향에서 퇴후를 즐기며 청복을 꿈꾸었던 이진택에게 어두운 그림자가 드리웠다. 정사를 지은 그해에 신유박해가 시작됐고 정국은 살벌하게 돌아갔다. '춘래불사춘春來不似春' 봄이 왔으나 봄 같지 않은 시절이었다. 심상치 않은 소식이 들려왔다. 이진택과 함께 근무했거나 뜻을 같이 한 이들이 서학 무리로 몰려 귀양을 가거나 죽었다. 해가 바뀌자 사간원헌납 강세륜姜世綸이 이진택을 탄핵했다. "서유방徐有防을 두둔하며 이가환李家煥에게 빌붙었으며 정약용과 친하게 지냈다"며 변방에 귀양을 보내야 한다고 상소를 올렸다. 서유방, 이가환과 친하게 지냈던 그는 사헌부 시절 정약용과 2년을 함께 근무했고 그 후 수많은 서신을 주고받으며 교류를 이어갔다. 당시 정약용과 주고받았던 서찰과 문건은 불에 타 없어지고 일부는 가문이 동국대에 기증한 소정문고에 보관되어 있다.

1802년 음력 2월 10일. 산수유, 목련에 이어 진달래, 개나리 등 백화가 제방하는 그해 봄에 65세의 이진택은 계절을 거슬러 자기 인생의 가장 혹독한 한파 속으로 걸어 들어갔다. 천 리 먼 길, 함경도 '삼수' 유배가 떨어졌던 것이다. '삼수갑산을 가더라도 할 말은 한다'거나 '삼수갑산을 가서 산전을 일궈 먹더라도'라고 하는 그 '삼수'다. 사람들은 죽을 때 죽더라도, 어떠한 위험과 고난을 감수하고서라도 결기를 드러내야겠다고 생각할 때 그렇게 말했다. 삼수의 분위기는 살벌했다. 1469년 함경도관찰사로 삼수를 시찰했던 이계손은 "변새에 오랑캐 연기 적적하고 오랑캐의 산에도 한나라 해가 밝구나"라며 험악한 분위기를 시로 남겼다. 관찰사가 시찰하면서 이런 말을 남길 정도이니 유배형을 받은 이는 어땠을까. 정적政敵의 유배지로 정권이 선호하는 극악지이기도 했다. 고산 윤선도가 이곳에서 5년 동안 유배생활을 했다.

짐을 꾸린 이진택은 덕봉정사에서 토함산을 넘어 동해안을 끼고 걸었다. 외가가 있는 영해에 들러 외씨묘에 절하고 울진, 삼척, 강릉, 양양, 간성, 고성, 통천을 거쳐 3월 6일 한 달 남짓 걸려 삼수에 있는 이영달李

英達의 집에 도착했다. 그는 천 리 유배 길을 가면서도 지나는 고장의 풍광과 인심, 유배 가는 심정을 일기로 남겼다. 평해 월송정, 울진 망양정, 삼척 죽서루, 강릉 경포대 등 꿈에도 그리던 관동팔경을 다 돌아보고 글과 시를 썼다.

그는 관동팔경의 마지막인 총석정에서 꿈에도 그리던 관동팔경을 다 볼 수 있었던 것 또한 임금의 은혜라며 자신에게 유배형을 내린 순조에 대해 충정 어린 심정을 표했다. "팔경이 바다와 접해 있어 어느 것 하나 절경이 아닌 곳이 없지만 그중에서도 죽서루는 하얀 모래 위에 맑은 냇물이 못을 이루었고, 기암괴석은 좌우로 십 리 골짜기를 이루었는데, 넓은 바다와 어우러져 한 번만 보아도 심신이 상쾌해진다. 이곳이 강산의 제일이며 관동의 절경이다. 갑오년 가을, 금강산을 유람하고 경성으로 돌아갈 때 이곳을 보지 못했기에 평생을 두고 소원했는데 이번 귀양길에 곳곳을 다 보게 되니 이 또한 임금님의 은혜라 아니 할 수 없다"

유배지에서 그는 포항으로 가는 상인에게 편지를 부쳐 가족에게 안부를 묻기도 하고 울창한 숲속의 매 둥지를 보고 떠나온 가족을 그리워했다. 백두산 변방 산간 지역의 사람 사는 모습과 거기서 이뤄지는 무역과 인심, 명절날과 생일을 유배지에서 보내는 우울한 심정을 시로 적기도 했다.

예순이 이미 넘어 외로운 마음 六十已過子子見
쓸쓸히 적관에서 생일을 맞았구나 生朝忽此謫居時
희미한 등불 아래 눈물로 시를 쓰니 我詩泣誦旅燈下

천지는 망망한 것을 누가 나를 가련타 하리 天地茫茫憐我誰

순조 4년(1804) 나라에 경사가 있어 '광탕지전曠蕩之典'으로 2년 동안의 유배를 끝내고 집에 돌아오게 됐다. 2월 16일에 해배됐으나 변방까지 조보가 도착하는 데 한 달이 걸렸기 때문에 그 한 달을 더 유배를 살았다. 경주 집으로 돌아온 이진택은 익제益齋 이제현李齊賢을 모신 구강서원에 자신이 소장하던 서책을 기증하는 한편 구강서원 원장과 헌관을 맡아 후학을 양성했고 매월당梅月堂 김시습金時習 영당의 향사를 놓고 분쟁이 일자 이 문제를 사림에 호소하여 조정했다. 경주 이씨 시조 알평공이 탄강한 표암에 유허비를 세우고 종친을 규합하며 숭조사업을 벌였다. 1805년 68세를 일기로 고종했다. 덕봉정사 옆에 안장됐다.

세파에 지친 몸,
폭포와
계곡에 뉘다
:

안동 만휴정晚休亭

●

조선 시대의 이름난 선비들이 대개 그러하듯 보백당寶白堂 김계행金係行 (1431~1517)의 삶도 굴곡이 많았다. 강직했으므로 곳곳에 적이 널렸고 청렴했으므로 일신의 영달을 누리는 이들을 불편하게 했다. 그리하여 적들은 해일처럼 밀려왔다. 그들은 끊임없이 김계행의 명줄을 노리며 소를 올리고 탄핵했다. 파직을 당하고 곤장을 맞았으며 복직과 투옥을 반복했다.

　김계행의 자취를 찾아 만휴정으로 간다. 만휴정은 안동시 길안면 묵 계리 산중턱에 있다. 묵계서원黙溪書院에서 도로를 건너 마을을 끼고 소 로를 들어가면 시골의 평범한 계곡이 나오는데 묵계다. 이름 그대로 조 용한 계곡이다. 소나무와 암반 계곡이 절경인 이곳은 본래 송암동松巖 洞 계곡이었는데 김계행이 만년에 정자를 지으면서 묵계로 불렀다. 계 곡 입구에 만휴정 원림 안내 간판이 나오고 시멘트 포장길을 따라 산을 오르면 얼마지 않아 탄성이 터져 나온다. 평범하게 보였던 계곡에 한 폭 의 진경산수화가 펼쳐진다.

　멀리서 보는 만휴정 풍경이다. 수직의 암반에서 물이 쏟아져 나오고

송암폭포.

물이 떨어지는 소沼에는 하얀 포말이 인다. 이태백의 「망여산폭포望廬山瀑布」 중 "3000척 높이를 곧장 내리 쏟아지니 은하수가 하늘에서 떨어진 듯하구나"라는 시구가 떠오른다. 송암폭포다. 폭포 위 소나무 가지에 가려 반쯤 자태를 드러낸 정자가 만휴정이다. 가히 선경이라 할 만하다. 명승 제82호의 위엄이다.

만휴정은 너른 암반 계곡 건너편 산자락에 있다. 옛 어른들은 산과 산 사이 암반을 흐르는 계곡을 '도포 자락을 펼쳐놓은 듯 흰 바위를 타고 흐르는 계곡'이라고 말했다. 계곡은 만휴정 앞에서 곡예를 보여준다. 정자 바로 위쪽에는 거대한 책을 어긋나게 쌓아둔 것 같은 바위가 작은 폭포를 만들었다. 폭포에서 떨어진 물은 경사면을 빠르게 흐르다 정자 앞에서는 평지를 만들며 천천히 지난다. 정자를 지나 동쪽은 다시 송암폭포다. 폭포는 바위 면을 미끄러지듯이 조용히 흘러내리는데 이 때문에 '조용한 계곡' 묵계라고 이름 붙였다고 한다.

만휴정 계곡에는 암각서도 있다. 책을 쌓아둔 형상의 폭포 아래 비탈면에는 "내 집에는 보물이 없으니, 보물이라면 오직 맑고 깨끗함이 있을 뿐이다吾家無寶物 寶物惟淸白"라는 각서가 새겨져 있다. 폭포 아래쪽 소의 한쪽바위 위에는 "보백당만휴정천석寶白堂晩休亭泉石"이라는 글자가 횡으로 새겨져 있다. 글자는 끝이 많이 깎여 거의 알아볼 수 없다. 계곡을 건너 정자로 들어가는 길은 다리다. 김계행이 다니던 시절에는 얕은 물이 흐르는 계곡을 건너갔다는데 현재의 다리는 뒤에 세워졌다. 시멘트 다리가 어색하지만 정취가 나쁘지만도 않다. 아름다운 경치 덕에 시인묵객이 찾아들었고 김계행보다 후대의 사람들이 묵계문회黙溪文會를

소나무에 절반 정도가 가려진 만휴정의 모습.

만들어 시를 짓고 즐겼다. 김계행이 죽고 200년 뒤 정자를 중수하자 구와龜窩 김굉金㙞(1739~1816)이 묵계문회에 참석해 만휴정 상량문을 쓰고 당시 만휴정의 아름다운 경치를 차운해 시를 지었다.

새로 지은 우뚝한 정자 모습 突兀新亭就

몇 년이나 황폐해져 있었던가 荒墟閱幾年

고상한 풍모 붙잡을 수 없지만 高風不可挹

남긴 자취 지금까지 전해지네 遺躅尙今傳

도포 자락 같은 암반에 보백당휴정천석이란 글이 새겨져 있다.

은하수 떨어져 골짝 틔었고 峽坼銀河落

푸른 바위 앞에 문이 열렸네 門開翠屛前

비록 멋진 경치 맛보긴 했으나 雖緣諸勝償

졸렬한 시구 제현에게 부끄럽네 拙句愧諸賢

_김굉, 「만휴정운晚休亭韻」

만휴정은 김계행이 71세(1501) 때 지은 정자다. 그는 쉰이 되던 해 과
거에 급제해 벼슬살이를 시작했다. 나이 많은 급제자를 우대하는 연만
年晩 관행으로 곧바로 6품직에 올랐다. 사헌부 감찰을 시작으로 성균관

『보백당선생실기寶白堂先生實記』, 국립중앙박물관 소장.

대사성, 홍문관 부제학, 이조참판, 대사간, 대사헌까지 올랐다. 벼슬살이에 나서기 전 41세에 동갑나기 절친 점필재佔畢齋 김종직金宗直을 만나『주역』과 『근사록』을 강론하며 도의지교를 맺었고 그 후 서로 시와 편지를 주고받거나 먼 길을 찾아가며 만나는 등 우의를 다졌다.

김계행은 청백과 강직으로 일관한 삶을 살았다. 비슷한 또래의 장조카가 학조대사學祖大師다. 학조대사는 국사로 세조의 총애를 받고 있었는데 성주에 왔다가 성주향교 교수로 있는 그를 찾았다. 처음에는 사람을 보내 자기가 있는 곳으로 오라고 했다가 숙부가 오지 않자 자신이 찾은 것이다. 학조대사는 시골 향교 교수를 하는 숙부가 짠했던 모양이다. 벼슬자리를 하나 알선해보겠다고 넌지시 운을 띄웠다. 김계행은 "너로 인해서 벼슬을 얻는다면 무슨 면목으로 세상 사람을 보겠느냐"라며 거절했다. 오히려 숙부를 대하는 태도를 문제 삼아 피가 나도록 종아리를 쳤다고 한다. 성주에 도착한 뒤 숙부를 찾아오지 않고 오라고 한 것에 대한 질책이었다.

김계행의 호는 보백당이다. 만휴정 위 계곡 바위에 새겨진 문구 그대로 "내 집에 있는 보물은 오직 청백뿐이다"라는 뜻이다. 그는 자가 '취사取斯'다. 『논어』「공야장」에서 공자가 제자 복자천을 군자답다고 칭찬하면서 "노나라에 군자가 없다면 이 사람이 어디서 이러한 덕을 취했겠는가魯無君子者, 斯焉取斯"라는 구절에서 땄다.

김계행이 고향으로 돌아와 정자를 지은 때는 정국이 복잡하고 불안하게 돌아가던 시절이었다. 대사간으로 지내던 김계행은 68세가 되던 해 고향 길안면 묵계로 돌아왔다. 작은 집을 짓고 보백당이라 이름했다.

吾家無寶物
寶物惟淸白

"내 집에 있는 보물은
오직 청백 뿐이다"라는
글을 바위에 새겼다.

여생을 후학이나 가르치며 한가하게 보낼 작정이었다. 세상은 그를 그 냥 두지 않았다. 김종직과의 친분이 문제됐다. 그는 무오사화에 연루돼 성희증, 조호문 등 10명과 함께 태장을 맞고 석방됐다. 김종직은 부관참 시당하고 김종직의 제자 김일손은 처형당했다. 많은 사람이 죽고 유배 를 갔다.

이듬해 그는 다시 대사간에 임명된다. 연산군의 처남 신수근愼守勤과 노사신盧思愼 등이 그를 또 흔들어댔다. 김계행은 사간원에 재직하면서 신수근 등 외척과 내시의 비리를 직소했는데 척신들에게 박힌 미운털 이 두고두고 그를 괴롭혔다. 이번에 국청까지 열렸으나 그는 홀로 방면 됐다. 동배들이 모두 일망타진된 상황에서 홀로 그물망을 빠져 나오니 마음이 편할 리 없었다. 그해 8월에 성균관대사성에 제수됐다가 이조참 의, 대사헌 등으로 옮겼다. 구속과 잦은 이직으로 하루도 마음 편할 날 이 없었다. 이듬해 70세에 연산군이 다시 지난 사건을 들추어 그를 구 금했다. 5개월 동안 옥살이를 했다.

만휴정은 이런 곡절 끝에 고향으로 돌아와 지은 이름이다. 외할아버 지 남상치가 지은 쌍청헌雙淸軒 자리다. 50세의 늦은 나이로 관직에 첫 발을 디뎠고 수차례 사직 소를 올리고 잦은 이직과 체포, 구금 끝에 얻 어낸 은일의 삶이다. 이름 그대로 '늦게 얻은 휴식'이다. 그는 집이 있는 보백당과 만휴정을 오가며 간난신고 끝에 얻은 평화를 마음껏 즐겼다. 다섯째 아들 극신이 무과에 급제하는 기쁨을 맛보았고 외손 박거린과 박형린이 대과에 급제했을 때는 사위 박눌까지 와서 잔치를 벌였다. 김 계행은 1517년(중종 12) 보백당에서 87세를 일기로 타계했다.

  정자는 정면 3칸, 측면 2칸이다. 정면을 누마루 형식으로 개방해 자연 경관을 감상할 수 있도록 했고, 양쪽에는 온돌방을 두었다. 정자 안에는 김양근의 「만휴정 중수기」와 김양근, 김굉, 이돈우, 유도원, 김도행, 정박 등의 시가 걸려 있다. 김계행의 트레이드마크가 된 "내 집에는 보물이 없으니, 보물이라면 오직 맑고 깨끗함이 있을 뿐이다吾家無寶物 寶物惟淸白"와 "자기 몸가짐은 삼가고 신중히 하며 남을 대할 때는 진실 되고 후덕하게 대하라持身謹身待人忠厚"라는 현판이 걸려 있다.

  층층이 급한 물 쏟아져 내리니 層層投急水
  물 돌아가는 곳에 절로 솥이 생겼구나 匯處自成釜
  열 길 물이 옥처럼 푸르니 十丈靑如玉
  그 속에 신물이 담겨 있구나 其中神物有
  폭포와 연못은 드문드문 널려 있고 瀑淵猶或有
  너럭바위는 넓게 펼쳐져 있구나 盤石崔看大
  희디 흰 것이 갈아낸 돌과 같으니 百百如磨礱
  백 사람쯤은 앉을 수 있겠다 百人可以坐
  해진 옷 앞에는 세 개의 솥이 둘러 있어 襤前三釜繞
  시흥이 정자로 날개 짓하며 날아오르네 詩興翼然亭
  지천으로 피어난 꽃들이 웃음을 다투니 爛漫花爭笑
  마치 산 전체가 물속에 든 형국이로다 一山盡蘸形

                                      _김양근, 「만휴정」

조선 최초의
백과사전이
탄생한 곳

:

예천 초간정 草澗亭

예천에는 경관이 빼어난 정자가 여럿 있다. 거대한 암벽 위에 서 있는 병암정屛巖亭은 둥근 연못에 촘촘히 고개를 내민 연꽃이 눈부시고 연못 안에 조성한 둥근 섬과 섬 안의 기품 있는 소나무가 눈길을 끈다. 도정 서원에 있는 읍호정挹湖亭은 내성천변 백척간두 끝에 위엄을 갖추고 서 있다. 정자 안에서 아득하게 내려다보는 푸른 강이 장관이고 정자와 강이 한눈에 들어오는 서원 입구 오솔길의 풍치는 감동적이다.

풍광을 꼽으라면 역시 초간정이다. 오래된 소나무 숲이 하늘을 찌를 듯 우거졌고 숲 사이에 살짝 자태를 드러내는 정자는 가을 국화처럼 고절하다. 정자 앞을 흐르는 계곡은 폭이 2미터 남짓한데 물이 깊고, 물이 지나는 소리는 소란하고 고요하다. 초간정 앞을 흐르는 내는 반전의 매력이 있다. 금곡천은, 소백산 자락의 용문산에서 내려온 물이다. 운암지와 금당지에 머물렀다가 초간정을 지나 내성천으로 합류한다. 계곡 물은 초간정 원림에 닿기 전까지는 들판을 흐르는 평범한 시냇물이었다가 계곡이 시작되는 초간정 동쪽에서부터 바위를 때리며 요란한 소리를 내기 시작한다. 여울이 있는 곳이다. 그러다 여울이 끝나는 초간

오래된 소나무 숲 사이에 살짝 자태를 드러낸 초간정.

정 앞에서 깊은 바위 계곡을 지나면서 언제 그랬냐는 듯이 고요히 흐른다. 계곡이 소란하고 고요한 이유다. 아름다운 숲과 정자를 휘돌아 흐르는 계곡, 정자를 통틀어 초간정 원림이라고 한다. 명승 51호다.

초간정은 초간草澗 권문해權文海(1534~1591)가 1582년에 지었다. 본래 이름은 초간정사草澗精舍다. 소고嘯皐 박승임朴承任(1517~1586)이 편액 글자를 썼다. 권문해는 본관이 예천이며 퇴계 문하에서 공부했다. 학봉鶴峰 김성일金誠一, 서애 류성룡이 그의 동문이니 대단한 명문사학 출신이다. 학봉보다는 네 살, 서애보다는 여덟 살이 많다. 열여덟에 경상도 향시에서 장원한 뒤 1560년(명종 15) 27세에 별시 문과에 급제했다. 형조좌랑, 예조정랑 등 관직을 거친 뒤 성균관전적, 사간원정언 등 주로 청직을 맡았다.

동인이었던 권문해는 이이李珥, 정철 등 서인과 정치적 라이벌이었다. 이들과 대놓고 맞서던 1581년 3월, 사헌부장령 정인홍鄭仁弘이 우성전과 이경중을 탄핵하자 권문해는 "모두 인홍의 소행으로 말미암은 것"이라고 비판했다. 그러자 이이가 "정인홍은 충성을 다하고 공도를 받들었다. 그가 논한 바에는 지나친 점이 있으나 실로 공론인데 어찌 옳다하지 않겠는가"라며 충돌했다. 이후에도 서로 낯빛을 달리할 정도로 시비가 잦았다. 정인홍 시비가 있던 해 권문해는 공주목사로 재임 중이었는데 죄수가 탈옥했다. 그는 파직됐다. 1581년이고 그의 나이 48세였다.

그는 고향 예천으로 돌아와 초간정사를 짓는다. '초간'은 당나라 시인 위응물韋應物의 「저주서간滁州西澗」에 나온다. "계류가에 홀로 자라는 우거진 풀을 사랑하노니獨憐幽草澗邊生"에서 따왔다. 송나라의 주돈이가 뜰

초간정은 권문해가 지은 정자로 불후의 명저 『대동운부군옥』이 완성된 곳이다.

에 자라는 풀을 뽑지 않고 그대로 두고 보면서 천지 기운이 생동하는 모습을 관찰했다고 하는데 '초간'의 의미는 거기에 있다. '풀草'에는 자연의 섭리가, '계곡의 물澗'에는 우주의 원리가 숨어 있다.

초간정은 임진왜란 때 불에 탔다가 1626년(인조 4)에 권문해의 아들인 죽소竹所 권별權鼈이 재건했는데 이 역시 화재로 소실되고 말았다. 100년이 넘도록 방치되던 이 정자를 1739년(영조 15)에 현손인 권봉의權鳳儀가 옛터에 중수했다. 전면 세 칸, 측면 두 칸, 건물 중앙에 방 한 칸을 배치했다. 계곡 쪽으로 난간을 설치했으며 계곡의 바위 위에 막돌을 쌓아 기단을 마련하고 그 위에 팔작지붕 건물을 세웠다.

뜻하지 않은 파직으로 고향 예천으로 돌아온 권문해는 몸이 많이 아팠다. 1582년 6월 9일 의원을 불러 침으로 피고름을 터뜨리고 굼벵이와 지렁이 즙을 죽에 타서 마셨다. 닷새 뒤 건강이 회복되자 곧바로 초간정을 찾았다고 『초간일기』는 전한다. 그러나 그가 건강을 어느 정도 회복해 초간정을 찾은 지 일주일 만에 부인 현풍 곽씨가 갑자기 세상을 떠났다. 네 살 많은 부인과는 스무 살에 결혼해 30년을 살았다. 『초간일기』를 보자.

"이제 그대 저승에서 추울까봐 어머니 손수 수의 지으시니 이 옷에는 피눈물이 젖어 있어 천추만세 입어도 해지지 아니하리. 오호라, 서럽고 슬프다. 사람이 죽고 살기는 우주에 밤낮이 있고, 사물에 시종이 있음과 다를 바 없으나, 이제 그대 상여에 실려 그림자도 없이 저승으로 떠나니, 나는 남아 어찌 살리오. 상여소리 한 가락에 구곡간장 미어져 길

처음 지을 당시의 이름은 초간정사였다.
편액의 글씨는 소고 박승임이 썼다.

이 슬퍼할 말마저 잊고 말았네."

부인의 제문이 실려 있는 『초간일기』는 3책 전부가 보물로 지정됐다. 『선조일록』(117장) 『초간일기』(90장) 『신묘일기』(34장) 등이다. 1580년부터 1591년까지 일어난 일들을 기록했다. 임란 전 사대부가의 일상생활과 중앙·지방의 관가 상황 등을 담고 있으며 당시의 정치, 국방, 사회, 교육, 문화 등 전반을 살펴볼 수 있는 중요한 사료로 평가된다. 부인의 제문에서 보듯 인간적인 면모 때문에 더욱 사랑 받는 책이다.

초간정은 역사에 남을 불후의 명저가 탄생한 곳이다. 권문해는 1589년 대구부사로 있으면서 한국 최초의 백과사전 『대동운부군옥大東韻府群玉』을 완성한다. 중국 음시부陰時夫가 지은 『운부군옥』의 체제를 빌려 한국의 역사와 문화를 정리했다. 권문해는 중국사는 줄줄이 꿰고 있으면서도 우리 역사는 외면하는 조선 지식인들의 천박한 사대주의를 통탄하며 이 책을 썼다.

"동국東國의 풍속이 질박해 문헌이 갖춰지지 못하니 선비라는 자들이 입으로 중국의 일을 이야기한다. 그들은 중국의 치란治亂과 흥망興亡은 마치 어제 일처럼 밝은데 동국의 일은 상하 수천 년 일조차도 아득히 문자가 없던 시대의 일처럼 여긴다. 이는 눈앞의 물건을 보지 못하면서 천리 밖을 응시하려는 것과 같은 것이다."

_「초간선생 연보」

권문해는 벼슬생활 틈틈이 자료를 섭렵하며 저술을 시작했는데 초간정에 있는 동안에도 상당부분 저술이 진행됐다. 『삼국사기』와 『계원필경』 등 한국 서적 174종과 『사기』와 『한서』 등 중국 서적 15종 등 190여 종의 책을 참고했다. 역사와 지리, 문학, 철학, 예술, 풍속, 인물, 성씨, 산, 나무, 꽃, 동물 등이 망라돼 있다. 특히 놀라운 것은 2만여 항목에 이르는 성어成語의 전거를 빠짐없이 수록하고 있으며 인명만 해도 1700여 조목에 이를 정도로 방대하다. 또 인용한 우리나라 서적 가운데 40여 종은 현재 전해지지 않는 책이어서 『초간일기』의 가치는 더욱 돋보인다. 『신라수이전』 같은 책이 대표적이다.

이 책은 빛을 보지 못할 뻔했으나 권문해의 치밀한 성품 탓에 세상에 알려졌다. 당초 3본을 베껴두었는데, 김성일이 국가에서 간행하기 위해 한 질을 빌려가고 또 한강寒岡 정구鄭逑가 한 질을 빌려갔다. 김성일은 임진왜란이 발발하면서 잃어버렸고 정구가 가지고 간 한 질은 집에 불이 나서 소실됐다. 아들 권별이 보관하고 있던 나머지 한 질로 1836년 8세손 권현상이 간행했다. 『대동운부군옥』 목판과 초고본初稿本은 보물로 지정돼 있다. 권별은 아버지에 이어 이곳에서 『해동잡록海東雜錄』을 저술한다. 아버지가 백과사전을 저술하고 아들은 기자조선 이래 조선 초까지 살다간 인물의 열전을 쓴 인명사전을 지었다.

초간정은 이처럼 아름다운 경관에다 불후의 명작이 탄생한 곳이라는 명성 때문에 많은 후학이 찾아 시를 남기고 권문해의 업적을 칭송했다. 권문해 사후 100년이 채 못돼 청대淸臺 권상일權相―(1679~1759)이 초간정을 찾아 권문해를 찬양하는 시를 남겼다.

계곡 암반에 막돌을 쌓아 만든 기단 위에 세워졌다.

시냇가 풀잎 푸르디 푸르러 티끌에 물들지 않았네 澗草靑靑不染塵

옛 어른 남긴 향기 다시 사람을 가르치네 昔賢遺馥更薰人

욕심을 멀리하고 좋은 벼슬도 사양했고 遐心欲謝千鐘祿

이제 막 작은 집 지어 오래도록 봄날이로구나 小屋初成萬曆春

성현의 춘추는 의리를 근본에 두었고 筆下陽秋根義理

책상머리의 경전은 맑은 정신 지어내누나 案頭經傳著精神

깨끗이 손 씻고 어른이 남긴 책을 펴니 我來盥水披遺券

차고 넘치는 의기는 정녕 빛을 잃지 않으리 盈溢巾箱政不貧

_권상일, 「초간정 술회」

128

제 2 부

머무는 자의 내면 處

인자와 지자를
생각하니 부끄럽네

:

거창 요수정樂水亭

안의삼동安義三洞은 안의면의 세 계곡, 화림·심진·원학동을 일컫는다. 안의는 함양의 옛 지명인데 안의삼동 가운데 원학동만 거창에 편입됐다. 원학동은 수승대가 있어 경상우도를 지나는 사람들이 반드시 찾아오는 명승지다. 수승대 앞을 흐르는 개천은 위천渭川이다. 위천은 덕유산과 남덕유산 등에서 몸을 일으켜 덕유산의 남쪽, 남덕유산의 동쪽으로 흐르면서 황강으로 합류하는 하천이다. 중국의 강태공 여상이 낚시를 즐겼던 황하의 지류, 위수를 본떠 지은 이름이다. 이렇게 이름을 지은 이는 은인자중, 한미한 시골에서 산수에 엎드려 때를 기다리는 강태공의 마음을 담고 싶었을 것이다. 위천면 상류의 개울을 웃내 또는 상천이라는 하는데 이를 한자로 적으면서 위천이라 했다는 설도 있다. 남덕유산에서 흘러내린 월성계곡과 덕유산에서 시작한 송계사 계곡이 갈계숲에서 합류해 내려와 수승대搜勝臺 거북바위 옆에서 소를 이루니 구연龜淵이다. 수승대는 생긴 모양이 거북 같다고 해서 거북바위로도 불린다.

　수승대 일원은 요수樂水 신권愼權(1501~1573)이 벼슬을 떠나와 은거하며 살던 곳이다. 수승대의 본래 이름은 수송대愁送臺다. 삼국시대 때 백

요수정과 거북 모양의 수승대가 서로 마주보며 서 있다.

제의 사신을 신라로 보내면서 전별하던 장소라고 한다. '근심스럽게 보
내는 곳'이라는 의미다. 백제 말기, 국력은 쇠할 대로 쇠했고 신라는 삼
국의 최강국으로 성장했다. 백제는 신라에 대해 늘 아쉬운 쪽이었다. 신
라로 떠나는 백제의 사신들은 치욕을 감내하며 외교전을 벌여야 했다.
떠나는 발걸음이 어찌 근심스럽지 않겠는가.

　수송대를 수승대로 바꾼 이는 퇴계 이황이다. 수승대는 조선 선비가
'죽기 전에 꼭 가봐야 할 곳' 중 하나였다. 1543년 이황은 장인 권질의
회갑을 맞아 거창 영승마을을 찾았다. 권질은 여기서 '농월정'을 짓고
우거하고 있었다. 당연히 수승대를 찾아가 신권을 만날 작정이었다. 지
금은 자동차로 10분 거리다. 그러나 임금이 급히 호출하는 통에 만남은
이뤄지지 못했다. 임금의 부름을 받고 돌아가는 이황이 신권에게 편지를
보냈다. 수송대라는 이름이 아름답지 못하니, 수승대로 바꾸자는 요지
였다. 시까지 보내왔다. '수승'은 최치원의 『계원필경』 「수찰」의 "지금 승
지를 엄선하고今已靜搜勝地"에 나온다. 아름다운 경치를 찾는다는 뜻이다.

수승搜勝이라 대 이름 새로 바꾸니 搜勝名新換

봄 맞은 경치는 더욱 좋으리라 逢春景益佳

먼 숲 꽃망울은 터져 오르는데 遠林花欲動

그늘진 골짜기엔 봄눈이 희끗희끗 陰壑雪猶埋

좋은 경치 좋은 사람 찾지를 못해 未寓搜尋眼

가슴 속에 회포만 쌓이는구려 惟增想像懷

뒷날 한 동이 술을 안고 가 他年一樽酒

수승대는 거창 신씨와 은진 임씨 후손들이 경쟁적으로 새긴 시와 이름 각자로 가득하다.

큰 붓 잡아 구름 벼랑에 시를 쓰리라 巨筆寫雲崖

_이황, 「수승대」

　　대학자의 요청을 받은 신권은 '깊은 마음 귀한 가르침 보배로운데 서
로 떨어져 그리움만 한스럽네'라는 화답시를 짓고 바위에 '수승대'라는
글을 새겼다.

　　갈천葛川 임훈林薰(1500~1584)은 생각이 달랐다. 본관이 은진인 임훈
은 신권의 처남이었다. 원학동의 주인은 사실 임훈이라는 견해도 있다.
그는 이황과 동갑이었을 뿐만 아니라 상당한 교류도 있었다. 임훈 역시
당대에 학문으로 이름이 높았다. 명종 시대의 6현신 중 한 사람이다. 북

요수정의 뒤편에서 계곡 쪽을 바라본 모습.

요수정 측면에서 바라본 구연서원. 신권이 배향됐다.

상면 갈계리의 갈천숲을 임훈의 호를 본떠 지을 정도로 이 일대에서는 덕망과 학식이 높았다.

임훈은 이황이 남의 마을 유서 깊은 명소 이름을 마음대로 바꾸는 일에 동의할 수 없었다. 그도 화답시를 지었다. "강가에 꽃이 가득하고 동이에 술도 가득한데 / 소맷자락 이어질 듯 노니는 사람들 분분하네 / 봄은 장차 저물고 그대도 장차 떠나니 / 봄을 보내는 시름뿐만 아니라 그대를 보내는 시름도 있다네." '그대도 장차 떠나니'라는 싯구에서 이방인에 대한 토착민의 경계가 보인다. 지나가는 사람이 남의 고장 경승지 이름에 무슨 상관인가, 가던 길이나 가라, 불편한 심사가 보이는 듯도 하다. 특히 마지막 연에서 이황이 아름답지 못하다는 '수송대'의 '수愁(근심)'를 두 번씩이나 쓰면서 수백 년 이어온 경승지 명칭 개명에 은근히 반발하고 있다.

신권은 수승대의 동쪽에 구주서당(훗날 구연서원)을, 위천 건너 서쪽에 요수정을 짓고 후학을 양성했다. 요수정은 1542년(중종 37) 구연재와 남쪽 척수대 사이에 건립됐으나 임진왜란 때 소실됐다. 1805년 후손들이 현 위치인 수승대 건너편 솔숲으로 이건했다.

정면 3칸, 측면 2칸 규모의 팔작지붕이다. 자연 암반을 초석으로 이용했으며 마루는 우물마루다. 사방으로 계자난간을 둘렀다. 네 곳의 추녀를 받치는 활주를 두었고 부챗살 형태의 서까래를 배치했다. 가운데 뒤쪽 1칸에 방을 들이고 나머지는 모두 마루다. 12개의 기둥에 오언시를 쓴 주련을 달았다. 건물의 좌향은 정동향에서 남쪽으로 15도 정도 틀어 앉았다. 자연 암반을 초석으로 하다 보니 그렇게 됐다고 한다.

과연 조선 선비들의 버킷리스트에 들 정도로 아름다운 정자다. 정자에 올라 정면을 보면 푸른 강물이 흐르고 강물 너머 거북 모양을 한 수승대가 눈에 들어온다. 대는 푸른 소나무 숲을 면류관처럼 쓰고 있고 바위 몸통에는 시와 사람 이름이 새겨진 각자가 빼곡하다. 바위 아래에는 월성계곡과 송계사 계곡에서 내려온 에메랄드빛 물이 눈부시다. 이곳이 구연이다. 수승대에서 시선을 약간만 오른쪽으로 돌리면 구연서당 관서루가 시야에 포착된다. 관수루와 누각을 시위하고 있는 굽은 소나무가 아름답다. 정자 안에서 강을 따라 시선을 오른쪽으로 돌리면 소나무 숲이 우거진 섬이 보인다. 본래는 모래톱이었는데 신권이 제자들과 함께 소나무를 심어 숲을 만들었다고 한다. 섬솔이라고도 하고 강숲이라고도 한다. 정자 뒤는 소나무가 빽빽이 들어선 야트막한 동산이 병풍처럼 막아서고 있다.

정자 안은 이곳을 방문한 선비들의 시와 기문으로 가득하다. 신복명의 「요수정 중건기」, 거창부사 김인순의 「삼가 퇴계 선생 운을 따라」 등의 현판이다. 요수정 이름은 "지혜로운 자는 물을 좋아하고 어진 자는 산을 좋아한다智者樂水仁者樂山"는 『논어』 「옹야」의 글에서 따왔다. 신권은 그 마음을 시로 적어 현판으로 남겼다.

산과 물 사이에 정자를 지었으니 亭於山水間
물을 사랑하지만 산을 버리지는 않았네 愛水非遺山
물은 산에서 흘러나오고 水自山邊出
산은 물 위를 따라 둘러 있다 山從水相環

신령한 경지가 여기서 열리니 靈區由是闢

즐거워하는 뜻과 상관 있다네 樂意與相關

그러나 인자와 지자의 일 생각하니 然爲仁智事

오히려 모든 것이 부끄럽네 擧一猶慚顔

신권은 선교랑 훈도를 끝으로 벼슬을 떠났다. 수승대 주변에 자신의 은거지를 확보한 뒤 긴 세월 후학을 양성하며 학자로서의 명성을 떨쳤다. 신권이 고향에 은거한 데는 신권이 6세 때 일어난 중종반정과 무관치 않으리라는 설이 있다. 거창 신씨는 한때 권문세가로 기세를 떨쳤다. 그 중심에는 신승선(1436~1502)이라는 인물이 있다. 신승선은 세종대왕의 넷째 아들 임영대군(1418~1469)의 사위였다. 임영대군이 손위 처남인 수양대군의 집권을 도운 덕에 신승선 역시 탄탄대로를 걸었다. 딸을 연산군에게 시집보내고 연산군이 왕이 되자 '거창부원군'에 영의정까지 올랐다. 그의 아들 신수근도 권력의 정점에 올랐다. 딸을 진성군(후일 중종이 됨)에게 시집보냈다. 그러나 중종반정이 일어나자 신수근은 물론 아우 수영, 수겸이 역적으로 몰려 처형당한다. 신수근은 '사위와 매부' 사이에서 생존게임을 하다가 "사위(진성대군, 후일 중종)를 왕에 올리려고 매부(연산군)를 폐할 수 없다"며 반정을 반대하다가 화를 입었다. 신수근의 딸 단경왕후도 쫓겨나 폐비 신씨로 전락했다. '인왕산 치마바위' 이야기는 쿠데타 세력 앞에서 무기력했던 중종과 단경왕후의 슬픈 사랑이야기다.

중종반정 이후 거창 신씨의 전성시대는 막을 내렸다. 신권이 장성해

요수정은 요수 신권이 제자들을 가르치던 강학소다.

벼슬살이를 할 때까지 조정 내에서 거창 신씨의 입지는 상당히 좁았을 것이다. "곤궁해지면 홀로 자신의 몸을 잘 살피고, 때가 오면 천하의 일을 도모窮則獨善其身 達則兼善天下"하는 법. 신권은 요수당 옆에 구주서당을 짓고 후학을 양성했다. 때를 기다리는 의미는 이곳을 흐르는 내를 '위천'이라고 한 데서도 찾을 수 있다. 위천은 중국의 강태공 여상이 낚시를 하던 위수에서 따온 이름이다. 강태공은 위수에서 낚시를 하다가 주문왕에 발탁돼 은나라를 멸망시키고 천하를 평정해 제나라 시조가 됐다. 신권은 자신의 은거하는 삶에 대해 "하늘이 내린 벼슬은 내게 있고, 사람이 내린 벼슬은 남에게 있으니, 내 어찌 내 것을 버리고 남에게서 구하리오"라며 은둔의 삶을 스스로 위로했다. 신권의 은거지인 수승대 일원을 후손들이 '요수신선생장수지지樂水愼先生藏修之地'라 부르는 데는 그런 이유도 있었을 것이다. 신권은 요수정 건너편, 자신이 후학을 양성하던 구주서당 자리에 들어선 구산서원에 배향됐다.

벼슬도 마다하고
좋아하는 것 따르니

:

경주 종오정從吾亭

●

경주 보문관광단지에서 암곡 방면으로 길을 잡으면 곧바로 갈림길이
나온다. 왼쪽으로 꺾으면 천북 거쳐 포항으로 가는 길인데 첫 마을이
손곡마을이다. 손곡마을은 300여 년 전 손의일이라는 선비가 개척한
마을이라고 전해진다. 왜구의 침입을 피해 온 최씨, 박씨, 고씨의 세 성
씨가 모여 살았는데 풀이 많이 우거져 풀 손孫자를 써서 손실로 부르다
가 손곡으로 고쳐 불렀다.

종오정이 있는 마을은 손곡마을 중에서도 연정마을이라고 한다. 연
꽃 심은 못에 정자가 있는 마을이다. 포항으로 가는 지방도에서 오른쪽
으로 꺾어 논 사이로 난 좁은 길을 한참 들어가면 귀산 자락 아래 자리
잡은 종오정이 나온다.

종오정은 자희옹自喜翁 최치덕崔致德(1699~1770)이 1747년에 지은 정
자다. 정면 4칸, 측면 2칸 규모로 좌우 양쪽에 방이 있고 가운데 마루
를 뒀다. 팔작지붕 기와집이다. 양쪽에 가적지붕을 달아 위에서 보면 지
붕 평면이 '工'자 형태를 이룬 점이 특이하다. 둥근 기둥을 사용했고 기
단과 주초는 신라시대 것으로 추정되는 탑재를 주로 사용했다. 기둥의

연꽃 심은 못이 있다 하여 연정마을이다.

머리 부분은 여느 정자와 달리 장식을 하지 않은 무익공으로 처리했다. 주인의 소탈한 성품을 드러내는 듯하다. 정자에는 3개의 현판이 있다. 정면 처마 아래에는 '종오정', 정자 안으로 동쪽 방에는 '무송와撫松窩', 서쪽 방에는 '지간헌持竿軒'이라는 현판이 걸려 있다. 그 옆에는 누정기가 있다.

3개의 현판 글씨와 누정기는 당시 경주부윤으로 왔던 이계耳溪 홍양호洪良浩(1724~1802)가 썼다. 홍양호는 영·정조대의 대학자였다. 대사헌, 평안도관찰사, 이조판서, 양관대제학을 지냈다. 『영조실록』과 『국조보감』 『동문휘고』 등의 편찬에 참여한 실력자다.

홍양호는 「종오정기」에서 최치덕에 대해 이렇게 적고 있다. "과거 공부를 마다하고 냉수를 마시고 글을 읽으며 이곳에 정자를 지어 손수 꽃나무를 심고 못 위에 물을 끌어들여 흐르게 하고 그 위에 한 칸 정자를 지었다. 얼굴에 난 수염을 보니 맑고 밝아 은은한 산인의 기미가 있었다." 홍양호의 현판 글씨와 기문에 답하듯 최치덕도 홍양호에 보내는 시를 여럿 썼다.

삼신산의 여섯 자라가 기이하단 말 들으니 三山聞說六龜奇
서리 속 나무줄기는 천년을 화해서 거북이 되었다 하네 霜骨千年化作龜
화표엔 학 돌아간 옛 돌기둥만 남아 있고 華表鶴歸餘古柱
왕경엔 신선 떠난 바둑판만 남았구나 王京仙去有殘棊
봄 지나도 지지 않는 꽃 林花未落春歸後
밤 고요할 때 담월과 의 좋게 지내렴인가 潭月偏宜夜靜時

지붕의 모양이 특이하다.

기둥의 머리 부분은 무익공으로 처리했다.

이렇듯 한평생 좋은 경치만 즐기니 自분乎生耽勝賞

계산도 금수도 아름답고 기괴해 걸음이 느릿느릿할 밖에 溪禽休怪步遲遲

　　_최치덕,「이계 홍부윤의 반구대 운에 화답하다和耳溪洪明府良浩伴鷗亭韻」

　　정자 이름은 『논어』의 "종오소호從吾所好"에서 나왔다. "공자가 말했다. 부자가 되는 길이 추구할 만한 것이라면 나는 말의 채찍을 잡는 일이라도 마다하지 않겠다. 그렇지 않다면 내가 하고 싶은 일을 하리라富而可求也 雖執鞭之士 吾亦爲之 如不可求 從吾所好." 최치덕은 정자 이름을 '종오정'으로 한 까닭을 이렇게 밝혔다. "오직 좋아하는 것을 따름일세. 물에 닿으면 낚시질하고 산에 오르면 고사리 캐며 버들에게 물어보고 꽃 찾아 음풍농월 한다네."

　　무송와는 '소나무를 어루만지는 집'이라는 뜻이다. 「무송와명」에서 말년의 소회를 담담히 밝히고 있다. "무송의 두 글자 앞에 왜 홀로 배회하나. 이리 생각하고 저리 살펴봐도 뜻은 역시 유관이라. 칠순 몇이드뇨, 남은 날이 많지 않네. 말하려니 할 말이 없어 모두 찬양하고 감탄하노라"라고 적고 있다. '지간헌'은 '낚시대 들고 다니는 집'이다. 그는 「지간헌명」에서 "낚시대 드리운다고 반드시 고기 낚는 것은 아닐세. 부지런히 때마다 먼 조상 추모함이라! 아! 아이들아 내 오묘한 뜻 체험했으니 황천으로 돌아간다 해도 아무 부끄러울 것 없으리라"라고 적고 있다. 3개의 현판에는 최치덕의 삶의 철학이 그대로 투영되고 있다.

　　최치덕은 글공부가 뛰어났다. 5세에 처음 글을 배워 열두세 살에 무경칠서(송나라 때 과거 응시생이 읽어야 했던 일곱 병서)를 다 뗐으며 이후

무송와는 소나무를 어루만지는 집이라는 뜻이다.

손매호 문하에 들어가 공부를 하면서 인근에 명성이 자자했다. 그는 관찰사가 치르는 소과 등에 장원급제했으나 벼슬길에 나아가지 않고 벽촌에 묻혀 음풍농월했다.

    못 위에 정자 지어 有亭池上起
    손님 맞아 함께 올라본다 邀客共登臨
    난간에 의지하니 가늘게 파문 일고 憑檻波紋細
    창문 여니 냉기 스며드네 開牕冷氣侵
    소나무, 매화 좌우에 무성한데 松梅森左右
    물고기와 새가 희롱하며 날다가 자맥질하네 魚鳥戲飛沉

경주 종오정從吾亭

가장 사랑스러운 것은 글 논하던 깊은 밤이라 最愛論文夜

은근히 밝은 달빛 찾아보았네 慇懃霽月尋

_최치덕, 「연못의 정자池亭」

　최치덕은 종오정에서 학문 연구에 힘을 기울여 『역대사기歷代史記』『도통인道統引』 같은 저서를 남겼다. 특히 『역대사기』는 중국의 상고시대부터 원, 명에 이르기까지와 우리나라 단군조선으로부터 고구려, 백제, 신라, 고려, 조선에 이르기까지의 역사를 잘 정리한 역작으로 평가받고 있다. 사후에 그의 업적이 조정에 알려져 호조참판에 추증됐다. 저술 활동 외에 후학을 양성하는 데도 주력했다. 그는 72세로 세상을 떠나기 전까지 70여 명의 제자를 길러냈는데 그중 10명은 등과해 벼슬을 했고

종오정을 정면으로 마주하고 섰다.

9명은 진사에 합격했다. 종오정 옆에는 학생들이 숙식하는 일성재와 글 공부를 하는 귀산서사가 있는데 '학규'를 정해놓고 따르도록 했다.

"겨울에 경서를 읽고 여름에 시를 외우고 봄가을에는 예를 배워야 한다. 행동과 생각을 반드시 공경히 하고 절대로 희롱하지 말라. 닭이 세번 울면 일어나 천지의 맑은 기운을 들이마시고, 글을 외우고 있다고 해도 날이 밝으면 세수하고 일과를 받아라. 매 식후에는 잠깐 휴식하되 곡기에 체함이 없도록 하라. 단정히 앉아 정독하다가 만약 정신이 혼미해지면 시원한 바람을 들이마셔라."

정자에서 보면 연꽃 가득한 연못이 펼쳐지고 오른쪽에는 오래된 측백나무와 못 안으로 길게 누운 배롱나무가 눈에 띈다. 정면에 보이는 신라시대 석조와 석조 연등 받침이 운치를 더해준다. 못 둘레에는 살구나무, 향나무, 배롱나무가 시립해 있고 정자 뒤는 귀산이 병풍처럼 둘러쳐져 있다. 전형적인 '요산요수'의 정취에 '배산임수'의 명당이다.

연못에는 연꽃이 가득하다. 연꽃은 선비다.

"홀로 연꽃을 사랑하나니 / 진흙탕 속에서 꽃을 피웠으면서도 / 오염되지 않았고 / 맑고 깨끗한 꽃을 피웠으면서도 / 그 요염함을 자랑치 않는다." 주염계의 「애련시」가 절로 나온다.

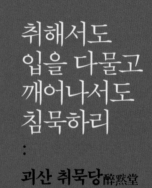

취해서도
입을 다물고
깨어나서도
침묵하리

:

괴산 취묵당 醉默堂

●

취묵당은 백곡栢谷 김득신金得臣(1604~1684)이 문과에 급제한 59세에 지은 정자다. 괴강이 활처럼 굽어 흐르는 괴산읍 능촌리 강 언덕에 홀로 우뚝 서 있다. 건물은 고사하고 민가도 없는 한적한 곳이다. 네비게이션을 켜고도 찾지 못해 차선이 하나밖에 없는 콘크리트 농로를 한참 돌아다녔다. 인근에 있는 김득신의 조부 김시민金時敏 장군(1554~1592)의 사당인 '충렬사'를 찾은 뒤에도 제법 시간이 걸려 취묵당을 만났다.

정자는 팔작지붕 기와로 안쪽에 마루를 깔고 난간을 둘렀다. 정자 앞에 마당이 펼쳐지고 마당이 끝나는 곳이 절벽이다. 괴강의 아름다운 모습이 한눈에 들어오는 조망이 뛰어난 곳이다. 강은 취묵당이 있는 언덕 아래를 지나 남쪽으로 흘러가 탄금대가 있는 남한강과 합류한다.

김득신이 정자를 지을 당시에는 언덕 아래 강에 고깃배들이 몰려들고 어시장이 서기도 했다. 그는 그 광경을 「취묵당」이란 시에서 "어부들은 강 시장에 모여들고 봄날 화전불은 돌밭을 태우네"라고 노래했다. 정자 안에는 「취묵당중수기」 「취묵당기」 「독수기」 등의 현판이 빼곡히 걸려 있는 반면 당호를 지칭하는 편액은 없다. 정면 네 개의 기둥에 주련

취묵당 앞을 흐르는 괴강. 탄금대가 있는 곳에서 남한강과 합류한다.

이 걸려 있을 뿐이다. 주련은 김득신의 대표시 「용호龍湖」다. 효종이 "이 시는 당시唐詩에 넣어도 부끄럽지 않다"며 화공에게 시를 보여주고 대궐에서 사용하는 병풍 그림으로 그리게 했을 정도로 빼어난 문장이었다. 김득신의 시는 당대 선비들에게 아이돌 수준의 인기를 끌었다고 한다.

고목은 찬 안개 속에 잠기고 古木寒煙裏
가을 산에 희뿌연 빗줄기 들이치네 秋山白雨邊
저문 강에 풍랑이 일어나니 暮江風浪起
어부는 급히 뱃머리를 돌리네 漁子急回船

_김득신, 「용호」

취묵당은 백곡 김득신이 만년을 보낸 독서재다. 억만재라고도 한다.

팔작지붕에 목조 기와집으로 내부엔 통간 마루를 깔고 난간을 둘렀다. 정자 건축의 전형을 보여준다.

당대의 대시인 김득신의 자료를 뒤지다가 '노둔魯鈍하다'라는 낯선 단어를 만났다. 사전적 의미는 '둔하고 어리석으며 미련하다'는 것이다. 대개 지능지수가 떨어져 암기력과 이해력이 떨어지는 사람을 이르는 말이다. 역사에 처음으로 등장하는 노둔한 인물은 공자의 제자 증삼이다. 공자가 그의 수제자 10명의 특징을 요약하면서 "덕행에는 안회·민자건·염백우·중궁이, 정사에는 염유·자로가, 언어에는 재아·자공, 문학에는 자유·자하가 뛰어났다"고 말한 끝에 "증삼은 노둔했다"라고 혹평했다. 증삼은 공자의 혹평을 받았으나 특유의 성실함으로 학문을 갈고 닦아 공자 가르침의 진수를 얻었다. 마침내 '증자'로 추앙 받았다.

조선 선비 중에서 대표적으로 노둔한 이가 김득신이다. 포털사이트 검색창에 '노둔'을 입력하면 김득신과 관련된 기사가 넘쳐난다. 노둔과 김득신은 같은 의미로 통하는 것처럼 보일 정도다. 김득신은 아버지 김치金緻와 목첨睦詹의 딸 사이에서 태어났다. 김치는 약관에 과거에 급제한 수재였다. 예조참의, 대사성, 동부승지, 경상도관찰사를 지냈다. 외숙인 목서흠睦敍欽과 목장흠睦長欽, 목대흠睦大欽도 당대에 이름난 문인이었다. 그의 조부 김시민은 임진왜란 때 진주대첩으로 이름을 떨친 명장이다. 진주성 전투에서 3800명의 병력으로 2만여 왜군을 격퇴하고 전사했다.

명문가에서 태어난 김득신은 기대에 미치지 못했다. 어릴 때 천연두를 앓아 지각이 발달하지 못했다고 한다. 열 살이 돼서야 공부를 시작했으나 석 달이 지나도록 『십구사략十九史略』 첫 번째 장 26자를 익히지 못해 입을 다물고만 있었다. 실망한 외숙 목서흠이 아예 공부를 그만두라고 했다. 39세에 진사과에 합격했지만 그해 가을 정시에 낙방했다. 고향인 목천현(현재의 천안시)으로 돌아와 막역지우인 구당久堂 박장원朴長遠(1612~1671), 동명東溟 정두경鄭斗卿(1597~1673) 등과 어울려 시와 술로 자신의 불우한 처지를 달랬다. 박장원은 강원도관찰사, 이조판서, 대사헌, 예조판서를 지냈으며 젊은 시절에는 사간원정원으로 『선조수정실록』 편찬에 참여할 정도로 뛰어난 실력자였다. 정두경은 14세 때 별시 초선에 합격하여 이름을 날렸다. 문장이 뛰어나 벼슬이 없을 때에도 문명이 높아 중국 사신을 접대하는 역할을 맡기도 했다. 시의 수준이 이백, 두보와 같다는 평가를 받았다.

김득신은 과거에 합격하지 못했으나 시를 잘 써 시명이 높았다. 택당澤堂 이식李植(1584~1647)은 그를 '당대 최고의 시인'이라고 치켜세웠다. 진사에 합격했을 때는 선비들이 그의 시를 베껴가며 감상했다. 그러나

김득신이 자신이 책을 읽은 이유와 횟수를 기록한 독수기 현판.

불운은 좀처럼 끝나지 않았다. 백의의 신분이었지만 문장이 뛰어나 명나라로 떠나는 사신의 제술관에 임명됐다. 1664년 운명의 그해, 명나라가 망하는 바람에 장도에 오르지도 못했다. 첫 벼슬이 이렇듯 허망하게 끝났다. 이듬해 음서로 숙녕전 참봉에 임명됐으나 죽은 왕후의 신위를 지키는 참봉 일이 서글프기만 했다. 사직하고 여러 차례 과거에 응시했으나 줄줄이 고배를 마셨다. 김득신이 시로 이름을 날리고도 벼슬을 못하자 사람들은 시가 사람을 곤궁하게 한다는 뜻으로 '시능궁인詩能窮人'이라 불렀다. 나이 예순이 다 되어 마침내 문과에 합격했다. 성균관 학유를 시작으로 승문원, 병조, 공조, 예조에서 일하다 홍천현감, 정선군수 등의 외직을 맡았지만 벼슬살이도 괴로웠다. 괴산으로 내려왔다.

　말은 간혹 자신을 찌르는 비수이기도 하다. 김득신은 종종 불우한 자신의 처지를 한탄하며 세상을 원망하기도 했던 모양이다. 친구 박장원이 네 번이나 편지를 써 말 조심하라고 주의를 주었다. '취묵'은 박장원의 애정 어린 충고를 받아 들여 지은 당호다. 평상시에는 말할 것도 없고 술에 취해서도 입을 다물겠다는 뜻이다. 그 내막을 자신이 쓴 「취묵당기」에 자세히 적었다. "대개 술에 취해서도 입을 다물겠다는 뜻을 잊지 않으려다. 취해서도 입을 다물고 깨어나서도 침묵하며 망령된 말을 하지 않아 몸이 재앙을 피할 수 있다면 이는 박중구(박장원의 자)가 내려준 은혜일 것이다. 어찌 나를 경계한 뜻을 저버릴 수 있는가."

　취묵당에 머물면서 그는 고달팠지만 행복했다. 책을 읽고 시를 썼다. 그가 얼마나 많은 책을 읽었는지는 정자에 걸려 있는 「독수기」에 자세히 나와 있다. 「독수기」는 34세 때부터 67세 때까지 34년간 읽은 고문의 횟수와 목록에 관한 기록이다. 1만 번 이상 읽은 책 36편의 문장을 나열하고 각 편의 읽은 횟수와 읽은 이유를 밝혔다. 이 가운데 『사기』 「백이열전」은 1억 1만3000번을 읽었다고 한다. 당시의 1억은 10만을 가리키므로 실제로 읽은 횟수는 11만3000번이었던 셈이다. 김득신은 이를 기념하기 위해 취묵당을 '억만재億萬齋'라고 불렀다.

정약용은 김득신의 독서 횟수에 의문을 제기했다. 그는 「김백곡독서변金柏谷讀書辨」에서 "「백이전」을 하루 백 번 읽으면 1년에 3만6000번, 3년에 10만8000번 읽을 수 있지만 일상생활을 전폐하고 읽을 수 없으므로 4년은 걸리며 나머지 글을 읽은 횟수를 합치면 모두 51만7000번이므로 순수하게 20년이 걸린다"며 김득신의 말을 믿지 않았다.

11만3000번 읽었다는 「백이열전」은 그가 얼마나 노둔한지를 입증하는 사례가 되기도 했다. 어느 날 하인과 길을 가는데 근처에서 글 읽는 소리가 들렸다. 귀에 익숙한 데 도무지 무엇인지 알 수가 없었다. 고개를 갸웃거리자 하인이 답답하다는 듯이 말했다. "이것은 공께서 평생토록 읽으신 「백이전」인데 그걸 모르십니까."

웃지 못할 일화는 또 있다. 한식날 하인과 길을 가던 중이었다. 그의 머리에 기가 막힌 시상이 떠올랐다. "마상봉한식馬上逢寒食(말 위에서 한식을 만나니)"이라고 읊어놓고 나니 대구가 떠오르지 않았다. 그때 하인이 "도중속모춘途中屬暮春(도중에 늦은 봄을 맞이했네)"라고 대구했다. 김득신이 놀라 말했다. "너의 재주가 나보다 나으니 이제부터 내가 네 말 시중을 들겠다"며 말에서 내리려고 했다. 그러자 하인이 웃으며 말했다. "공께서 날마다 읽던 바로 그 당나라 시 아닙니까." 당나라 시인 송지문

취묵당은 괴강 언덕에 자리 잡고 있다.

宋之問의 「도중한식途中寒食」이었던 것이다. 얼마나 많이 외웠으면 귀동냥으로 들은 하인도 줄줄 외었을까. 그걸 자기가 창작한 시인 줄 착각했던 것이다.

그는 취묵당에 앉아 주변 경관을 8경시로 노래했다. 「옹암에서 보는 꽃甕巖看花」 「불암의 눈 감상佛巖賞雪」 「강어귀의 장삿배江口商船」 「나룻머리의 고기잡이 불빛渡頭漁火」 「들판 다리를 건너가는 행인野橋行人」 「모래 사장에서 놀라 날아가는 기러기浦沙驚雁」 「우협의 아침 아지랑이牛峽朝嵐」 「용추의 저녁비龍湫暮雨」 등이다.

궁벽한 괴산에서의 고단한 삶 弔影槐州僻
어찌해야 적막함을 날려버릴까 可能送寂寥
어부들은 강 시장에 모여들고 漁翁江市集
봄날 화전불은 돌밭을 태우네 春火石田燒
갑작스런 비 푸른 들판에 쏟아지는데 急雨垂蒼野
뭉게구름은 파란 하늘에 펼쳐 있네 層雲亘碧霄
오늘 아침까지 푸석했던 얼굴이 今朝衰謝面
술 마신 뒤 홍조를 띠었네 酒後帶紅潮

_김득신, 「취묵당에서醉默堂」

김득신은 81세가 되던 1684년 세상을 하직했다. 그의 죽음을 두고 설이 여럿이다. 「행장초」는 설사병에 걸려 고생하다가 약을 먹고 차도가 있었는데 허벅지에 생긴 종기가 터져 죽었다고 썼고, 『숙종실록』은 명화적에게 피살당했다고 기록하고 있다. 또 『백곡집』은 개에게 물려 죽었다고 전한다. 어떤 죽음이든 한 시대를 풍미했던 시인의 죽음으로는 너무 쓸쓸하다.

매화와 학을
벗삼아
은일하다
:

구미 매학정梅鶴亭

매학정은 구미시 고아면 예성리 낙동강 보천탄 언덕 위에 있다. 북쪽으로는 고산이 병풍처럼 막아서고 남·동·서쪽 3면으로 강이 한눈에 들어오는 절경지다. 매학정 이름 그대로 입구에 매화나무 일곱 그루가 서 있으나 꽃을 피우려면 이 추위가 물러갈 때까지 기다려야 한다. 겨울 보천탄에는 학이 없다. 물오리 떼가 학이 있던 자리를 대신하고 있다. 조선시대의 보천탄은 선산을 가로지르는 낙동강의 지류로 물결이 높고 가마우지가 날아들어 경치가 아름다웠다고 한다. 선산부사로 왔던 김종직金宗直(1431~1492)은 「보천탄에서 즉흥적으로 짓다寶泉灘卽事」에서 "도화 뜬 물결이 몇 자나 높았기에 / 흔석도 물에 잠겨 찾을 길 없네 / 쌍쌍이 나는 가마우지는 옛집을 잃고 / 고기 물고 문득 부들 우거진 속으로 드네"라며 아름다운 풍경을 읊었다.

1533년에 고산孤山 황기로黃耆老(1521~1575)가 조부의 뜻에 따라 정자를 지었다. 정자 앞마당에 매화나무를 심고 학을 길렀다고 한다. 14세에 사마시에 합격하는 뛰어난 재능을 지녔으나 평생 벼슬에 나아가지 않고 이곳에서 글과 그림을 친구하며 은둔의 삶을 살았다. 정자 뒤의

보천탄 위로 매학정이 학처럼 고고하게 자리하고 있다.

언덕을 고산, 정자를 매학정이라 짓고 뒷산과 정자 이름을 그대로 따 호를 고산과 매학정이라 했다. 중국 서호 고산에서 매화를 심고 학을 키운 북송의 은둔시인 임포林逋의 삶을 동경해서다. 임포는 결혼도 하지 않고 혼자 살면서 매화와 학을 길렀다. '매처학자梅妻鶴子(매화는 아내요 학은 자식)'라며 평생을 은둔했다. 임포의 삶은 황기로뿐만 아니라 조선 선비들의 선망이었다. 오원吾園 장승업張承業(1843∼1897) 같은 이도 임포의 삶을 동경해「매처학자도梅妻鶴子圖」를 그렸다.

뭇 꽃 바람에 시들어져도 홀로 곱게 피어 　衆芳搖落獨暄姸

작은 동산 풍경을 다 차지했네 　占盡風情向小園

성긴 가지 그림자 호수에 어스름이 비치고 　疏影橫斜水清淺

그윽한 향은 달빛 어린 황혼에 떠도네 　暗香浮動月黃昏

서리 같은 학은 가지에 앉으려고 몰래 엿보고 　霜禽欲下先偸眼

분 같은 나비가 매화를 알았더라면 애를 끊으리라 　粉蝶如知合斷魂

다행히 시를 읊조리고 매화와 친할 수 있으니 　幸有微吟可相狎

박자 맞추는 악기나 금 술잔도 다 필요없다네 　不須檀板共金尊

_임포, 「산원소매山園小梅」

매학정은 1592년 임진왜란 때 불에 타 폐허가 됐으나 1654년(효종 5)에 다시 지었고 1862년(철종 13)에 소실됐다가 1970년에 크게 보수를 했다. 정자 안에는 황기로와 사돈관계인 율곡의 「매학정기문」과 시판, 퇴계와 임억령林億齡, 조임도趙任道 등의 시가 걸려 있다. 송순宋純은

1552년 선산부사로 부임했다가 이곳에 들러 시를 남겼다. 이종하가 매학정 건립 과정을 설명한 실기를 쓰고 정두경鄭斗卿이 「매학정병서」를 썼다. 황필은 매학정 원운시를 썼고 황기로는 조부의 시를 차운했다. 이황도 제자를 위해 황필의 시를 차운해 시를 남겼다.

　황기로는 조선 초기와 중기를 통틀어 4대 명필로 꼽힌다. 안평대군 이용, 자암 김구, 봉래 양사언, 고산 황기로다. 특히 초서가 뛰어나 초성草聖이라 불렸다. 중국 한나라의 장지와 당나라의 장욱과 어깨를 겨룰 정도라고 한다. 황기로는 초서에 몰입했다. '광초狂草'로 불렸던 장욱의

몇 번이나 화재로 소실되어, 다시 지은 건물.

거칠고 호방한 필획을 베이스로 받아들였다. 장욱은 술을 좋아하여 대취한 상태에서 미친 듯이 돌아다니다가 머리에 먹을 묻혀 휘갈겨 장전이라고도 했다. 황기로는 장욱의 필획에다 소회의 가늘고 유려한 운필을 섞었다. 또 명대에 초서로 이름을 떨쳤던 장필의 변형된 획법을 더해 자신만의 독자적인 서풍을 이루었다.

점획을 과감하게 생략한 감필법減筆法, 획 간의 공간을 좁거나 짧게 처리한 속도감 있는 운필, 중록으로 쓴 맑고 깨끗한 선질은 장필의 초서풍과 뚜렷이 구분되는 특징들이다. 황기로의 초서풍은 16~17세기에 걸쳐 폭넓게 유행했다.

황기로의 초서는 보물 제1625호로 지정된 「차운시次韻詩」를 비롯하여 소수서원 경렴정 편액, 국립중앙박물관이 소장하고 있는 「고산도첩」 등이 있다. 금오산 바위에 새겨진 '금오동학'과 산 정상 군부대 안에 있는 후망대 음각 글씨도 황기로의 작품이다. 미수 허목은 "신라부터 1000년 가까이 내려오는 동안 글씨로 후세에 이름난 사람으로는 최치원, 김생, 탄연, 이군해, 안평대군 근세의 양사언, 황기로, 한호, 백광훈 등을 들 수 있다"라고 평가했다.

소수서원 입구에 있는 '경렴정' 현판을 쓸 때의 일화다. 황기로는 스승 이황으로부터 경렴정 현판 글씨를 써달라는 부탁을 받는다. 이황 자신은 해서로, 황기로는 초서로 글씨를 써서 걸어두겠다는 것이다. 당대의 명필도 스승이 지켜보는 앞에서 긴장을 많이 했던 모양이다. 손이 떨려 도저히 글을 쓸 수 없었다. 이를 눈치 챈 이황이 자리를 비켜주자 일필휘지로 현판 글씨를 써나갔다.

황기로는 이이와 사돈을 맺었다. 이이의 동생 옥산玉山 이우李瑀
(1542~1609)와 황기로의 딸이 혼인을 맺었던 것이다. 1558년, 23세의
이이는 당시 성주목사이던 노경린盧慶麟의 딸과 결혼한 뒤 6개월 동안
처가에서 살았다. 6개월이 지나자 그는 강릉에 있는 외할머니를 보러 가
게 됐다. 가는 길에 이황을 만나 가르침을 얻을 작정이다. 이에 앞서 구미
에 있는 황기로를 만나러 매학정으로 갔다. 황기로는 이이를 붙잡고 오
래도록 이야기를 나눴다. 황기로는 이이의 동생 이우李瑀(1542~1609)와
자기의 딸을 혼인시키고 싶다는 뜻을 내비치고 혼인을 성사시켜달라고
당부했다. 이이는 매학정에서 하룻밤을 자면서 황기로와 늦도록 술을
마셨다. 술이 정신을 혼미하게 하는 독이라며 잘 마시지 않았던 그도
황기로를 만나 의기투합했다. 그 소회를 긴 시로 적었다.

"동녘이 밝을 무렵 수레에 기름 치고 / 산에 오르기 몇 번이며 물은 몇
번 건넜던가 / 고산은 넓은 들 앞에 맞대어 있고 / 낙동강 뿌연 연기는
온 물가에 둘러 있네 / 덤불 헤치고 길을 찾아 대사립문을 두드리니 /
동자가 문에 나와 날 반가이 맞아주네 / 으리으리한 붉은 누각 먼지
한 점 없어 / 간소하면서 누추하지 않고 화사하면서 사치스럽지 않네
/ 빈 뜰에 매화송이는 아직 피지 않았는데 / 깊은 못의 학 울음소리가
가끔 들려오네. (…) 맹세코 고기 잡고 나무하며 한평생 늙을지언정 /
흐리멍텅하게 취생몽사는 하고 싶지 않네 / 오늘 밤 술잔을 사양치 않
음은 / 인간만사 털어버리길 여기에서 시작하려고."

_이이, 「매학정을 방문하다訪梅鶴亭」

매학정에 앉아 먼지 하나 없이 맑은 겨울을 바라보다.

　이이는 빈 뜰에 매화송이가 피어오르고, 깊은 못에서 학의 울음소리가 들려오는 곳에서 텃밭을 일구는 황기로가 신선 같다고 했다. 매학정에서 가진 1박 2일의 교류는 마침내 두 집안의 경사로 이어졌다. 황기로의 딸과 이이의 동생 이우가 혼인을 맺었다. 아들이 없었던 황기로는 매학정을 비롯한 전 재산과 초서체를 이우에게 물려줬다.

　정자의 두 번째 주인 이우는 황기로의 초서풍을 따른 대표적 서예가로 꼽힌다. 황기로는 그의 글씨에 대해 "씩씩함은 나보다 낫지만 유려함은 미치지 못한다. 그러나 조금만 공부를 더한다면 내가 미칠 바가 못 된다"라고 평했다. 이우는 시서화와 거문고에 능해 사절四節이라 불렸다. 서화는 어머니 심사임당의 예술적 재능을 그대로 물려받았다고 했다. 사헌부감찰, 비안현감, 고부군수를 지냈으며 지방관 시절 선정을 베풀어 청백리에 올랐다. 임진왜란과 정유재란 때 공을 세워 선무원종공신에 녹훈되기도 했다. 이이는 한가할 때 늘 동생의 거문고 소리를 청하여 듣곤 했는데 후세에 전하는 거문고의 고악보는 거의 이우가 지은 것이라고 한다. 선조가 이우의 서화를 좋아해 「초결백운가草訣百韻歌」를 선물하고 표지를 자신이 직접 썼다. 어필서화御筆書畫도 상으로 내렸다. 이우는 매학정을 이렇게 읊었다.

그대가 내 집이 어디냐고 묻는다면 君問我家何處住
산 의지하고 강물에 임하여 사립문 닫힌 곳이라 말하리 依山臨水掩荊門,
때로는 구름 맑아 모래밭에 있노라니 有時雲淡沙場路
사립문 보이지 않고 다만 구름만 보인다네 不見荊門只見雲

옥계 37경의
주인이 되다

:

영덕 침수정枕漱亭

3월의 침수정으로 가는 길, 영덕 달산면 주응리와 홍계리를 끼고 가는 옥계계곡은 길가에 산수유 꽃이 한창이다. 깎아지른 절벽과 기암의 행렬이 이어지다가 도로가 강에서 조금 멀어졌다 싶으면 유격의 공간을 어김없이 산수유가 채우고 있다. 산수유를 닮은 생강나무도 뒤섞였다. 그 와중에 눈길을 끄는 건 복숭아밭이다. 키 작은 복숭아나무가 길 양쪽으로 꽃눈을 주렁주렁 달고 때를 기다리고 있다. 4월 중순이면 복사꽃이 제 몸을 활짝 열어 봄바람에 흩날릴 테고 사람들은 계곡에 떠내려 오는 복사꽃잎을 보면서 "다른 세상이로되 인간 사는 곳은 아니네 別有天地非人間"이백의 시를 읊으며 무릉도원을 떠올릴지도 모르겠다. 이 계곡은 곧 복사꽃 천지가 된다. 복사꽃은 그러므로 이 계곡의 미래 권력이다. 한때일 뿐이지만 말이다.

침수정은 동대산과 팔각산의 계곡물이 합류하는 지점, 기암괴석 위에 세워진 정자다. 포항 하옥에서 내려오는 계곡과 청송 주왕산에서 발원해 팔각산을 거쳐 오는 계곡이 합류하는 'Y'자 형상의 가운데 지점에서 서쪽으로 약간 비켜 서 있다. 침수정 앞에서 만나 한 몸이 된 물은

동대산과 팔각산의 계곡물이 합류하는 지점.
기암괴석 위에 세워진 침류정.

옥계로 족보를 바꿔 흐르다 여기저기 50여 개 계곡물과 합쳐 오십천이 되고, 오십천 강물은 강구 앞바다로 흘러들어 동쪽 바다의 일부가 된다. 오십천에서는 은어가 많이 잡히고 강구항은 영덕대게로 이름값이 높다.

침수정은 정면 두 칸, 측면 두 칸 규모의 아담한 정자다. 뒤쪽 두 칸은 방이고 앞쪽 두 칸은 바위 위에 기둥을 세운 누마루다. 마루를 돌아가면서 계자난간을 설치해 운치를 더했다. 정자는 깎아지른 바위 위에 세워져 있고 바위 앞에는 청잣빛 계곡물이 흐른다. 물을 건너면 또 작은 바위산과 물이 첩첩이 겹쳐져 있다.

정자에 앉아서 보면 한 폭의 산수화가 펼쳐진다. 옥계 37경 중 일부를 보고 있다. 눈앞에 우뚝한 수직 바위는 향로봉香爐峯이다. 그 옆의 작은 바위는 촛대봉. 촛대를 닮았다. 오른쪽에 병풍처럼 펼쳐지는 수직절벽은 병풍암이다. 천경天卿 손성을孫星乙(1724~1796)은 광해군 때 경주 양동에 살다가 번다한 세상일을 피해 이곳에 들어왔다. 병풍암 가운데 벼랑에 "산수주인 손을성山水主人 孫星乙"이라는 암각서를 새겨놓고 구름과 물, 샘과 돌, 산과 골짜기로 이뤄진 '옥계 37경'의 주인이 됐다. 돌에다 등기를 한 셈이다. 정자에 앉아 가만히 오른쪽 바위벽을 들여다보면 붉은 글씨의 암각서가 희미하게 눈에 들어온다. 그 옆에는 "부백윤치겸자경선府伯尹致謙子景善"이라는 글자가 새겨져 있다. 경주부윤 윤치겸이 아들 경선과 함께 아름다운 경치를 감상하기 위해 다녀갔던 것으로 짐작된다. 윤치겸은 1834년부터 1836년까지 재임했다.

병풍암 오른쪽에 장대한 소나무가 두어 그루 서 있고 깎아지른 절벽이 옥계1교까지 이어지는데 학소대 鶴巢臺다. 정자에 앉아 거문고를 켜면 학이 날아와 가만히 거문고 소리를 들었다고 한다. 정면의 향로봉을 왼쪽으로 살짝 비켜보면 하옥으로 가는 계곡 상류 저 멀리 둥근 바위가 보이는데 구슬바위다. 삼층대는 구슬바위 옆으로 세 개의 산봉우리가 층을 이루고 있다고 해서 붙여진 이름이다. 바로 아래 에메랄드빛 물 깊은 웅덩이는 '구정담'이고 상류에 있는 울퉁불퉁한 바위 사이를 흐르는 웅덩이는 선녀가 목욕을 했다는 선녀탕이다. 선녀탕 옆을 흐르는 폭포는 바위 위를 급하고 격하게 흐르다 떨어져 귀가 아플 정도로 소란스럽지만 그 때문에 더없이 상쾌하다.

　침수정은 '침류수석枕流漱石'에서 나왔다. '흐르는 물을 베개 삼고 돌

침류정 앞 구슬바위.

로 양치질을 한다'라는 뜻이다. 본래는 "돌을 베개 삼고 물로 양치질을 한다"라는 뜻의 '침석수류枕石漱流'인데 진나라의 손초라는 사람이 친구 왕계에게 속세를 벗어나 산속으로 들어가 살겠다는 뜻을 전하면서 '침류수석'이라고 잘못 말을 하면서 비롯됐다. 왕계가 말이 잘못됐다고 지적하자 자존심 강한 손초는 "물을 베는 것은 귀를 씻으려 함이요, 돌로 양치질 하는 것은 치아를 갈아서 닦기 위함"이라고 둘러댔다. 그래서 '침류수석'은 잘못을 엉뚱한 논리로 정당화하려는 궤변을 빗대는 말로도 쓰인다. 추사 김정희는 『완당전집』 제9권의 「초은체를 모방하여 경언에게 부치다」라는 시에서 "흐르는 물을 베게 삼으니 귀가 곧 멀고 / 돌로 양치질하니 이가 다시 꺾인다枕流耳將聾 漱石齒更折"라며 말도 안 되는 궤변을 희화화했다.

손성을은 세상의 명리를 허공에 떠다니는 뜬구름으로 여겼다. 이곳에서 거문고를 타고 시를 지으며 은일의 삶을 살았다. 정자에 앉아 천변만화하는 자연의 변화와 섭리를 몸으로 느끼며 운수雲水와 천석泉石의 주인이 됐다. 그 덕에 우리는 힘들이지 않고 아름다운 명승지 하나를 얻었다.

"오호라, 공께서는 인품과 위엄이 있으시고 시례詩禮가 있는 집안에서 태어났다. 그래서 품행이 방정하고 문사가 여유 있으며 넉넉하다. 일찍이 대간 유 선생과 시를 주고받은 적이 있는데 명망 있는 선비라는 칭찬을 많이 받았다. 이러한 찬사를 받았지만 풍경과 마음이 일치하여 가족을 이끌고 여기에 집을 짓고 살게 됐다. 공부하면서도 부침에 초연

했으며 춥고 배고픈 것도 잊은 사람이었으니 미련하고도 심오한 도리를 아는 사람이었다. (…) 가끔씩 달이 뜨면 거문고를 타니, 학이 평화롭게 노는 곳에 신선이 온 것 같아 세상의 명리를 허공의 뜬구름처럼 여겼다. 공의 뜻이 자연에 있었고 자연의 경치는 여기 있는 이 정자가 최고다."

- 김정화金正和, 「침수정 중건기」 중

침수정과 옥계 37경, 정자 이름과 경승지 명칭만 놓고 봐도 『고문진보』와 조선 팔도 명승을 펼쳐놓고 불러모은 듯하다. 4경 천연대天淵臺의 '천연'은 『시경』 「대아大雅·한록旱麓」의 "솔개는 하늘을 날고 물고기는 연못에서 뛰논다鳶飛戾天 魚躍于淵"에서 나왔다. 물고기가 뛰는 것이나 솔개가 나는 것은 모두 근본이 같다는 뜻이다. 모두가 자기 자리에서 자연스럽게 살아가는 일이 어울린다. 강원도 영월군 옥계면에 천연대가 있다. 솔개와 물고기를 따내 '연어鳶魚'로 쓰기도 한다. 포항시 북구 기북면 용계정 계곡 건너편 바위에 '연어대鳶魚臺'라는 암각서가 있다.

11경 세심대洗心臺는 『주역』 「계사 상」의 "심중의 더러움을 깨끗이 씻어낸다"에서 나왔다. 안동 유성룡의 옥연서당, 경주 안강 이언적의 옥산서원 계곡에도 세심대를 새긴 암반이 있다.

12경 탁영암濯纓巖의 '탁영'은 앞서도 나왔듯이 굴원의 「어부사」에 나오는 구절이다. 보통 "창랑의 물이 맑으면 갓끈(탁영)을 씻고 창랑의 물이 흐리면 발을 씻을 것(탁족)이다"라는 뜻. 세속에 얽매이지 않는 자유의지를 표방한 말이다. 『맹자』에도 언급되고 있다. 영양 서석지 정원에

침류정 정면 입구에서 바라본 향로봉.

침류정 폭포.

'탁영석'이 있고 이황의 도산 경관에도 '탁영담'이 있다. 경주 안강 독락당 계곡에 '탁영대'라는 바위가 있다.

36경 영귀대詠歸臺의 '영귀'는 『논어』 「선진」 편에 나온다. "기수에서 목욕하고 무에서 바람 쐬고 시를 읊조리면서 돌아오리라浴乎沂風乎 舞雩詠而歸"다. 안빈낙도의 의미로 널리 쓰인다.

조선의 팔도의 경승지 이름은 옥계에 다 모였다. '부벽루浮碧樓'는 대동강 기슭에 있다. 고려 때 명신인 이색이 시를 썼을 정도로 유명한 누정이다. 마제석과 계관봉, 옥녀봉, 채약봉 같은 이름도 이미 조선의 경승지에 다 붙여진 이름이다. 손성을의 여행 경험이 상당히 축적됐거나 산으로 들어오는 과정에 준비를 많이 했다는 증거다.

꼭꼭 숨어사는
즐거움

:

영양 경정敬亭

●

겸재 정선의 「쌍계입암雙溪立巖」은 경북 영양군 입암면 선바위 진경을 그
린 그림이다. 정선이 청하현감으로 포항에 내려와 있을 당시인 1734년
이 그림을 그렸다. 일월산이 반변천과 청기천을 가르며 뻗어 나오다 돌
연 치솟아 오르며 멈춰 서서 아찔한 절벽을 각각 만들어냈으니 자줏빛
비단 병풍, 자금병紫錦屏과 선바위다. 선바위 아래서 반변천과 청기천 두
물길이 만나는 두물머리가 남이포다.

　선바위와 남이포에는 전해오는 이야기가 있다. 남이南怡(1441~1468)
는 세조 때 이시애의 난을 평정한 공신이다. 용의 아들이라고 하는 아
룡과 자룡 형제가 역모를 일으키자 이곳에서 평정했다. 남이는 이곳이
역모를 꾀할 무리가 생겨날 지형이라고 보고 칼을 내리쳐 산맥을 잘랐
는데 이때 생겨난 바위가 선바위라고 한다. 그는 병조판서에 오르며 승
승장구했으나 예종 즉위와 함께 유자광柳子光의 모함에 빠져 억울하게
죽었다.

　자금병과 선바위 뒤를 받치고 있는 부용봉 사이가 석문石門이다. 석
문은 경정의 주인 정영방鄭榮邦(1577~1650)의 호이기도 하고 경정이 있

자금병과 남이포. 경정으로 들어가는 입구인 석문에 있다.
석문은 정영방의 호이기도 하다.

는 서석지로 들어가는 입구이기도 하다. 서석지가 집안에 들인 정원, 내원이라면 자금병과 부용병, 남이포와 입암은 바깥의 외원이다. 이곳을 쌍계입암이라고 불렀던 정선과는 달리 영양현 읍지는 이곳을 '석문입암石門立巖'이라고 기록하고 있다.

석문을 지나 청기천을 거슬러 약 2킬로미터 정도 가면 동래 정씨 집성촌인 연당마을이 나온다. 태고당 등 고택이 올망졸망 모여 있다. 경정은 연당마을 입구에 있다. 400년 된 은행나무가 마을을 압도한다. 경

조선시대 3대 민간 정원으로 꼽히는 경정과 서석지.
왼쪽이 경정이고 오른쪽이 주일재, 연못이 서석지다.

정은 전남 담양의 소쇄원瀟灑園, 해남 보길도의 세연정洗然亭과 함께 조선
의 3대 민간 정원으로 꼽힌다. 중심 건물인 경정을 가운데 두고 동쪽에
주일재主一齋, 두 건물 앞에 서석지瑞石池를 조성했다. 경정과 주일재 현판
이름은 주희의 『근사록』에 나오는 "거경궁리 주일무적居敬窮理 主一無適"에
서 따왔다. 매월당梅月堂 김시습金時習은 『매월당집』에서 "학문의 크고 작
음은 본래 같지 않으나 '경'이라는 글자는 시종일관하는 것이다. 선현이
이르기를 '정신을 하나로 하여 다른 데로 감이 없다' 하고 또 이르기를

주일재는 부속 서재다. 마루에 노을이 깃들어 서하헌이라는 현판을 걸었다.

영양 경정敬亭

'항상 깨어 있는 법을 쓴다'고 하니, 마음을 한 곳에 붙들어 두고서 다른 생각이 들어오지 못하게 하는 것이다'라고 풀었다.

서석지의 '서석'은 연못 안에 있는 상서로운 돌에서 영감을 얻어 지은 이름이다. 서석지의 자연석은 물에 잠긴 것이 60개, 물 밖에 드러난 것이 30개나 된다. 정영방은 돌에다 하나하나 이름을 붙이고 시를 썼다. 이름이 붙여진 돌이 무려 19개나 된다. 연못에는 조선 선비의 이상으로 가득하다. 돌의 이름만 뜯어봐도 이야기 사전이다. '난가암爛可岩'은 '왕질난가'를 뜻한다. 중국 진나라의 왕질이라는 사람이 산에서 나무를 하러 갔다가 그만 동자들이 바둑을 두는 걸 구경하느라 시간 가는 줄 몰랐다. 정신 차려 돌아오려는데 도끼자루가 썩었다. 집에 와보니 아는 사람들이 모두 죽고 없었다는 이야기다.

> 이익과 명예로 나를 더럽힐 수 없으니 聲利非能浼
> 전원을 감히 사양한다 하리오 邱林敢辭饒
> 머슴 아이는 나무하러 갔다 돌아오지 않으니 家童樵不返
> 난가암에 머물러 있음을 알겠네 知在爛柯巖
>
> _정영방, 「난가암」

'탁영반濯纓盤'은 창랑의 물이 맑으면 갓끈을 씻고 물이 흐리면 발을 씻는다는 굴원의 「어부가」에서, '관란석觀瀾石'은 "물을 보는 데는 방법이 있으니 반드시 물결을 봐야 한다"는 『맹자』에서 취했다. 이렇게 이름을 붙이고는 「경정잡영敬亭雜詠」 32수를 남겼다.

경정에서 바라본 서석지와 은행나무.

사우단. 연못 가운데 석축을 쌓고 선비의 네 친구,
소나무·대나무·매화·국화를 심었다.

서석지에서 눈길을 끄는 것은 '사우단四友壇'이다. 방형의 연못 한쪽에 석축을 쌓아놓고 대나무와 소나무, 국화, 매화를 심어 고독한 선비의 친구로 삼았다. 경정은 정영방이 36세가 되던 해, 1613년에 지었다. 4칸 대청과 좌우에 두 칸 온돌방을 둔 중당협실형 구조다. 마루에는 분합문을, 방에는 들어열개문을 달아 여름이면 방안에서도 아름다운 정원을 감상할 수 있도록 했다. 정자 안에는 이시명李時明의 「증정석문경보」 「경영잡영」, 서성徐渻의 「증정석문경보」, 정경세鄭經世의 「증정경보」 등의 현판이 걸려 있다.

정영방은 퇴계의 제자인 우복愚伏 정경세(1563~1633)에게서 수학했다. 23세가 되던 해에 책 상자를 지고 정경세가 있는 우곡 산중으로 찾아가 제자가 됐다. 『대학』 『중용』 『심경』 등을 공부하며 이치를 깊이 깨달아 일가를 이뤘다. 공부에 전념하는 그에게 정경세는 "그대에게 시험 삼아 묻노니 꽃과 버들 중 무엇이 더 푸른 것을 푸르게 하고 붉을 것을 붉게 하는가"라는 시를 지어줬다. 자연의 이치에 따라 가벼움과 무거움, 앞선 것과 뒤 따르는 것, 출처에 경계가 있음을 가르쳤다. 정영방은 이황-류성룡-정경세-정영방으로 이어지는 퇴계학파의 삼전三傳 제자로 꼽힌다.

29세에 진사시에 합격했으나 성균관에 들어가는 것을 포기했다. 광해군의 실정을 보면서 '창랑의 물이 흐리면 발을 씻겠다'며 은일의 삶을 택했다. 스승 정경세가 추천한 벼슬도 마다했다. 인조반정 이후에 정경세는 이조판서에 올랐다. 그는 제자 정영방을 조정에 천거했다. 정영방이 스승에게 선물 꾸러미를 보냈다. 스승이 풀어보니 게 한 마리가 들어 있었다. 정경세는 제자의 뜻을 알아채고 더 이상 벼슬을 권하지 않았다. 정영방이 스승에게 보낸 '게'는 어떤 의미일까? 당나라 시인 피일휴皮日休가 쓴 「게에 대해 읊다咏蟹」에 수수께끼의 열쇠가 있다. "푸른 바다에 다다르지 않아도 일찍이 그 이름 알려졌지 / 뼈대가 도리어 살점을 뚫고 튀어 나왔다네 / 속이 없다고 우레와 번개 무서워한다 말하지 마라 / 바다의 용왕이 있는 곳에서도 옆걸음질 친다." 마지막 구절 '바다용왕 있는 곳에서도 옆 걸음친다海龍王處也橫行'에 방점이 찍혀 있다. 싫으면 정승 자리도 못하는 법이다. 그는 은일의 삶속에서 유가의 이상을 실현하려 했다.

정영방은 경정에서 약봉藥峯 서성(1558~1631)과 깊은 교류를 가졌다. 이이의 수제자였던 서성은 1616년 인목대비 폐비 사건에 대해 직언하다 귀양을 와서 선바위가 있는 부용봉 아래 집승정을 짓고 7년 동안 살았다. 그는 서석지를 이렇게 노래했다.

깊은 산 속을 알 수 없지만 不料深峽裏
이렇게 아름다운 계곡과 산이 있네 有此好溪山
홍진 세상과 헤어짐은 스스로 원했지만 自與塵寰隔
조물주는 한쪽만 위해 만들었네 偏爲造物慳
산봉우리는 둥근 상투 같고 峯巒環作髻
흐르는 물은 굽이쳐 만을 이루었네 流水曲成灣
정공이 자리 잡아 손님을 맞이하는 땅 鄭驛迎賓地
잇따라 오는 비로 오래 머무르다 돌아가네 留連帶雨還

_서성, 「서석지」

정영방은 이시명과도 교유가 깊었다. 이시명은 1612년(광해군 4) 진사시에 합격했고 강릉참봉을 제수받았다. 영양군 석보면 원리리에 석계초당石溪草堂을 세웠다. 우리나라 최초의 음식조리서인 『음식디미방』의 저자 장계향의 남편이다. 그가 쓴 「봉기석문지당병서奉寄石門池堂并序」는 당시의 서석지와 경정의 풍광과 정영방의 생활 일부를 잘 드러내고 있다.

"못 가운데 겹겹이 뒤섞여 늘어선 돌들은 짐승이 엎드리고 용이 서린 것 같은데, 큰 것은 여러 사람이 앉을 정도고, 작은 것은 오히려 나란히 걸터앉을 수 있다. (…) 못의 서쪽에 작은 집을 만들어 도서와 바둑판, 거문고, 술 단지와 책상과 지팡이를 두고는 우리 어른께서 아침저

서석지는 선비의 이상으로 가득하다.
90여 개의 돌 가운데 이름이 붙은 것이 19개에 이른다.

녁으로 굽어보시며 즐거워하신다. 그 북쪽에다 또 몇 칸의 초가집을 짓고 어른과 아이들이 거처하며 책을 보게 하셨다. 못에 새로 연꽃을 심어 활짝 피었고 물고기도 몇 마리 길렀다. 못 주변에는 넉넉하게 깨끗한 모래를 뿌리고 잔디를 두터이 심어 깔고 앉을 수 있게 했다. 구기자, 국화, 복숭아나무, 버드나무와 많은 소나무를 곳곳에 심어서 못을 보다가 그 안에 들어가면 놀라서 우러러보며, 그것이 저절로 그리된 것인지 인위적인 것인지 분별하지 못한다."

물러나 후학들과
시와 학문을
논하던 곳

:

파주 화석정花石亭

●

율곡栗谷 이이李珥(1536~1584)에 대한 그 흔한 오해 하나. '이이의 고향은 강릉이다.'

이이는 세 개의 호를 썼다. 하나는 율곡이고 다른 하나는 석담石潭, 나머지는 우재愚齋다. '율곡'은 경기도 파주시 파평면 '율곡, 밤골마을'에서 차용했다. 이이의 고향마을이다. 자신의 직계 선조들이 살던 곳이다. 이이의 어머니 신사임당과 아버지 이원수, 자신의 묘소가 있는 곳이다. 또 이이를 배향하는 자운서원이 있는 곳이기도 하다. 외가인 강릉에서 태어난 이이는 8세가 되던 해 율곡으로 들어와 어린 시절을 보냈다. 이이의 고향은 파주다.

두 번째 호 석담은 황해도 해주의 석담에서 따왔다. 이이는 35세가 되던 1570년(선조 3) 자신의 거듭된 정치 개혁안이 받아들여지지 않자 벼슬에서 물러나 해주의 야두촌으로 들어갔다. 처가인 노씨 문중의 전장이 있는 곳이다. 그는 야두촌에서 고산에 있는 석담구곡에 놀러갔다가 빼어난 산세에 빠져 그곳에서 엎드려 살기로 했다. 그때 석담의 지명을 빌려 두 번째 호를 '석담'이라 했다. 은병정사를 세우고 기이한 바위와 여울에 이름을 붙여 '고산구곡'을 선정하고 「고산구곡가」를 지었다. 이이가 이황, 조식 등 영남학파와 대립하는 '기호학파'의 종조가 된 데 는 파주와 해주가 그의 삶과 철학의 주요 무대였다는 배경도 있다.

율곡, 석담 외에 이이는 우재라는 호도 썼는데 이는 '어리석은 사람' 이라는 뜻이다. 생원진사는 물론 문과 복시, 전시 등 아홉 번의 과거에 서 모두 장원급제해 '구도장원공九度壯元公(아홉 번이나 장원한 어른)'이라 는 극찬을 들었던 이이가 왜 자신을 어리석은 사람으로 불렀을까. 그는 스무 살에 지은 「자경문」에서 "성인을 본보기 삼아 털끝만큼이라도 성 인에 미치지 못하면 나의 일이 끝난 게 아니다"라고 썼다. 학문도 수양 도 닦으면 닦을수록 '어리석음愚'만 드러나게 되는 법, 매사 살얼음을 걷 듯 조심하고 몸을 낮추어야 한다는 뜻으로 지었을 것이다. 13세에 진사 초시에 합격했던 이이에게 '소년등과'의 부작용은 없었다. 율곡은 여덟 살에 강릉 외가살이를 끝내고 파주로 돌아왔다. 파주에서 그는 5대조 이명신李明晨(1392~1459)이 지은 화석정을 찾아 편액 이름을 시제로 시 를 짓는다. 여덟 살에 지은 시라고 '팔세부시八世賦詩'라는 별칭도 있다.

숲속 정자에 가을이 이미 깊으니 林亭秋已晚
시인의 생각 끝없이 이어지네 騷客意無窮
멀리 보이는 저 물빛은 하늘에 닿아 푸르고 遠水連天碧
서리 맞은 단풍은 햇빛 받아 타오르네 霜楓向日紅
산은 외로운 달을 토해내고 山吐孤輪月
강은 만 리 바람을 머금었네 江舍萬里風

화석정 시비. 이이가 여덟 살에 고향 율곡의 화석정에 올라 지은 시다.

변방 기러기는 어디로 가는가 塞鴻何處去

그 소리 저녁 구름 속으로 사라지네 聲斷暮雲中

_이이, 「화석정」

　이이의 천재성을 증명하는 사례로 자주 언급되는 이 시는 그의 작품이 아니라는 주장이 있다. 노산 이은상은 그의 기행문 「적벽유」에서 "화석정에 걸린 시판을 보니 그 시는 창령후인 매련거사의 작임을 알겠더이다. 시 작자의 오전誤傳처럼 섭섭한 것은 없을 것입니다"라고 썼다. 문제의 현판은 한국전쟁 때 불타 없어졌다. 화석정은 원래 고려 말의 학자 야은冶隱 길재吉再(1353~1419)가 살던 곳인데 이이의 5대 조부인

화석정은 야은 길재가 살던 곳으로 이이의 5대 조부 이명신이 지었고
이이가 중수해 제자를 가르치던 곳이다.

이명신이 물려받아 정자를 세우고 온갖 화초와 괴석을 심고 꽃과 돌이 가득하다는 뜻으로 화석정이라 했다. 이숙함이라는 사람이 중국 당나라 재상인 이덕유의 별장인 평천장의 기문을 썼는데 그 기문 중 '화석'을 따서 이름으로 삼았던 것이다. 그 후 이이가 중수했다. 관직에 있을 때는 여가를 내 이곳을 찾았고 벼슬에서 물러난 뒤에는 제자들과 함께 학문과 시를 논했다.

화석정은 파란만장한 한민족의 역사와 궤를 함께 하면서 이런저런 이야기를 남겼다. 임진왜란 때다. 율곡은 살아 있을 때 틈나는 대로 화석정 기둥에 기름칠을 하게 했다. 율곡이 죽고 8년 뒤 임진왜란이 발발했다. 의주로 피난길에 오른 선조 일행은 임진나루에서 밤을 맞는다. 적군은 뒤쫓아 오는데 한치 앞을 볼 수 없어 진퇴양난의 곤경에 처했다. 그때 강이 대낮처럼 환해졌다. 피난길을 지휘하던 이항복이 임진나루 위에 있는 화석정에 불을 질러 길을 밝힌 것이다. 이이가 평소 기둥에 기름칠을 열심히 하라고 하인들에게 지시한 '선견지명' 덕에 선조는 무사히 강을 건넜다.

화석정은 1673년(현종 14) 후손들이 복원했으나 한국전쟁 때 다시 불탔다. 현재의 정자는 1973년 정부가 실시한 율곡 선생 및 신사임당 유적 정화사업의 하나로 세워졌다.

화석정은 소나무 숲이 울창하고 임진강 건너 장단평야가 드넓게 펼쳐져 시인 묵객이 많이 찾았다. 이이와 동갑내기 친구였던 송강 정철도 이이가 죽은 뒤 이곳을 찾아 시를 남겼다.

산이 서로 등졌지만 맥은 본래 한가지요 山形背立本同根

물이 따로 흐르지만 근원은 하나로세 江水分流亦一源

화석이라 옛 정자에 사람은 아니 뵈니 花石古亭人不見

석양에 돌아가는 길 혼이 거듭 녹아나네 夕陽歸去重銷魂

_정철, 「화석정을 지나며過花石亭」

정철과 이이는 21세에 과거에 급제해 함께 사가독서하며 마음을 나눴던 친구 사이였다. 이이는 정치적 격랑기에 늘 정철의 뒤를 봐주던 후원자였으며 마음을 나누던 동지였다. 이이가 떠나자 마음에 큰 구멍이 뚫렸다. 정철은 이이보다 10년을 더 살았고 이이를 그리워하며 여러 편의 시를 남겼다. "남들은 이승이 저승보다 낫다지만 / 나는 저승이 이승보다 낫겠다네 / 율곡과 군망을 좌우에 손잡고 / 한밤중 솔바람 푸른 산에 누우리니."

허균의 형 허봉許篈은 1574년 중국 사신 일행의 서장관으로 가던 길에 율곡에 들러 이이를 만나고 화석정에 올랐다. 이때까지만 해도 당파의 분열이 채 시작되기 전이었다. 허봉이 이이를 만난 이듬해부터 당파가 갈라졌고 동인의 영수였던 아버지 허엽을 따랐던 허봉은 9년 뒤 송응개, 박근원과 함께 이이를 탄핵했다가 각각 강계와 회령, 갑산으로 유배를 당했다. 계미삼찬이다.

허봉은 「조천기朝天記」에서 이이를 만난 상황과 화석정의 풍광을 잘 묘사했다.

화석정에서 바라본 임진강.

"율곡은 파주 서쪽 16~17리쯤에 있는데 숙헌은 병으로 아직 일어나지 못해 조카를 시켜서 나를 맞이하여 서설에 들어가 기다리게 했다. 오래 있다가 율곡이 나왔는데 그의 안색을 보니 전날과는 달랐고 매우 피로해 보였다. (⋯) 숙헌과 작별을 고하고 고개를 넘어서 이른바 화석정이라는 데를 올랐다. 그 집은 새로 지었는데 아직 칸막이를 하지 않았다. 임진강이 띠 같이 내려다보이고 멀리 서쪽 경계로는 여러 산을 손짓하는데 비록 넓게 트인 것 같으나 형세가 지나치게 높고 가파르기 때문에 오래 있기에는 견디기 어려웠다."

화석정은 이이가 정자에 머물기 오래전부터 유명세를 탔던 모양이다. 이이보다 한 시대 앞서간 서거정徐居正(1420~1488)도 이곳에 들러 7언배율 32구의 장시를 남겼다. "화석정 위의 구름은 천 년의 옛 구름이요 / 화석정 아래 강물은 절로 흘러만 가는데 / 화석정의 주인은 적선의 후예이기에 / 풍류와 시주가 가업을 이을만 했도다 (…) 어찌하면 돛단배로 큰 파도를 헤쳐가 / 만 말의 술을 싣고 한번 서로 방문해서 / 고래처럼 들이마시고 곤드레 취하여 / 두 다리로 뱃전 치며 고성방가를 해볼꼬."

김종서金宗瑞(1383~1453)는 "이후는 참으로 훌륭한 자손이로다. 선조의 당을 지금까지 잘 보전했네"라며 화석정을 중수한 이의석을 위해 시를 남겼다. 이덕무李德懋도 화석정에 들렀다가 시를 썼다. 그는 화석정을 거쳐 임진강을 건너는 여행길에서 "옷이 밝으니 나무 끝의 저 강은 달빛을 이루었고 / 짚신이 따뜻하니 성 밑 길이 꽃밭으로 들어가는구료"라며 상징성 짙은 운율을 화석정과 임진강에 뿌렸다.

화석정은 중국 사신을 맞는 영빈관 역할도 했다. 선조 15년(1582)에 명나라 황태자의 탄생을 알리기 위해 황홍헌과 왕경민이 사신으로 왔다. 율곡이 원접사를 맡아 이들을 화석정에서 맞이했는데, 황홍헌이 시를 지었다. "녹야당(당나라 재상의 별장)이 성곽을 등져 그윽한데 / 흰 구름 방초가 바로 단구일세 / 산 꽃빛은 소나무와 삼나무의 푸르름에 비치고 / 석벽의 푸르름은 담쟁이의 가을을 머금었네 / 선대의 유업이라 긍구(자식이 어버이의 뜻을 계승한)에 힘쓰겠지만 / 태평한 시대에 어찌 토구를 생각하랴 / 천황의 공렬이 당사에 나타났으니 / 부디 번선(제후국의 임금)을 도와 원대한 계책을 이으시길."

　조선시대에 빼어난 경관을 자랑하는 화석정은 풍광이 예전 같지 않다. 정자 아래에는 자유로와 연결되는 도로가 뚫려 정자와 임진강 사이를 가로 막아섰다. 차들은 끊임없이 북쪽으로 향하거나 남쪽으로 향했다. 소음과 속도가 은둔과 침잠의 정자로 밀려들었다. 강 건너 장단평야에는 전차부대가 들어섰다. 너른 들판에 웅크리고 있는 전차가 괴기스럽다. 정자 옆에서 시립하고 있는 수백 년 된 향나무와 느티나무만이 유서 깊은 정자의 역사를 증거하고 있다.

맑은 물에 귀를 씻는
청년의 울분
:
포항 분옥정噴玉亭

●

포항시 북구 기계면 봉계1동에 있다. 대구포항고속도로 서포항 톨게이트를 빠져나와 기계면으로 가다가 우회도로를 따라가다 보면 새마을운동 발상지 입간판이 서 있는 사거리가 나온다. 다음 사거리에서 봉좌마을과 분옥정 입간판이 나오면 왼쪽으로 꺾어든다. 이정표를 따라 봉좌산 쪽으로 제법 들어가면 덕계 저수지가 펼쳐지는 치동마을이 나오고 치동마을 끝에 분옥정이 있다.

봉계1동은 경주 김씨 치동 문중의 세거지다. 입향조인 일암逸庵 김언헌金彦憲이 병자호란을 피해 청도에서 이곳으로 옮겨 정착했다. 손수 벌채를 하고 마을 터를 닦았다고 해서 처음에는 '벌치동伐致洞'이라 하다가 벌자를 떼고 치동이라고 불렀다.

분옥정의 첫 인상은 장중하고 수려하다. 출입문 뒤에 서 있는 청솔이 심상치 않다. 수령이 무려 400년이다. 은행나무도 그 세월을 견디었고, 분옥정 앞 소나무는 '만지송萬支松'이라는 이름이 붙어 있을 정도로 가지가 번성하다. 가지가 만 개나 되니 나무의 격으로 본다면 천수천안의 관세음보살인 셈이다.

돈옹 김계영을 기리기 위해 후손 김종한이 지은 정자다.

계곡 바닥 암석에 새긴 '세이탄' 암각서.

분옥정은 조선 숙종대의 유학자 돈옹 김계영金啓榮을 기리기 위해 후손인 김종한이 지은 정자다. 1816년(순조 20) 3월에 착공해 1820년(순조 24) 3월에 준공을 했다. 김계영은 19세인 1693년(숙종 19) 생원에 급제하고 성균관에 입격했다. 그러나 이듬해 갑술옥사로 남인이 몰락하고 노론이 재집권하며 어수선해지자 벼슬을 포기하고 치동마을에 눌러앉아 시를 쓰며 일생을 마쳤다. 사후 가선대부에 추증됐다. 갑술옥사로 낙향한 김계영은 그 당시 심정을 분옥정 상류의 하천 바닥에 '세이탄洗耳灘'이라는 암각서로 새겼다.

세이탄의 '세이'는 "영천세이潁川洗耳"에서 나온 말이다. 중국 전설상의 임금인 요임금이 허유에게 왕위를 물려주려 했으나 허유가 이를 거부한 채 기산으로 들어갔다. 또 다른 벼슬을 맡기자 허유는 산 아래 영수강에서 귀를 씻었다. 친구 소부가 강에 송아지 물을 먹이러 왔다가 그 모습을 보고 왜 그러느냐고 묻자 "깨끗하지 않은 말을 듣고 어찌 귀를 씻지 않겠는가" 했다. 소부는 그 물이 더러워졌으니 송아지 입도 더럽히겠다고 송아지에게 물을 먹이지 않고 돌아갔다.

김계영은 그때 스무 살의 피 끓는 청년이었다. 단지 남인이라는 이유로 꿈을 접고 낙향해야 했던 울분이 암각서에 그대로 드러나고 있다. 김계영은 용계 맑은 물에 귀를 씻고 독야청청 유유자적한 삶을 살았다.

새는 그윽한 곳에 구름과 함께 자고 幽禽雲竝宿
맑은 시냇물은 달과 같이 흐르네 淸澗月同流
이 밤이 길어 홀로 어정거리니 獨夜彷徨久

누가 나의 근심하는 마음을 알리요 誰知我思悠

_김계영의 시

분옥정은 독특한 구조의 건축물이다. 정면 3칸, 측면 3칸으로 분류 되지만 정자 마루는 측면 1칸이고 정면 가운데 1칸에 방 두 칸을 달아 내 'T'자형의 독특한 구조를 완성했다. 암각바위에 세워진 정자의 전면 기둥은 계곡 쪽으로 내세우면서도 지형에 따라 길이를 달리했고 뒤쪽 기둥은 석축기단에 세웠다. 맞배 지붕에 기와를 얹었다.

분옥정에는 '청류헌聽流軒' '용계정사龍溪精舍' '화수정花樹亭' '돈옹정' 등 여러 개의 현판이 걸려 있다. 분옥정과 청류헌 이름에는 한편의 서경시 가 담겨 있다. '분옥'은 옥을 뿜어낸다는 뜻. 작은 폭포에서 튀어 오르는 물방울이 옥구슬을 뿜어내는 듯 회화적이다. '청류'는 물 흐르는 소리 가 잘 들린다는 뜻이니 청각을 자극하는 이름이다. 현판 이름만 놓고도 오감이 작동하며 공감각적 감동이 밀려온다. 정자 정면에서 보면 발아 래 개울의 용추폭포가 끊임없이 물 떨어지는 소리를 내며 포말을 만들 어내고 시선을 정면으로 두면 깎아내린 듯한 층암절벽이 탄성을 자아 내게 한다. 정자 정면 오른쪽에는 가지가 풍성한 '만지송'이 격조를 더 한다. 불어오는 바람에는 솔향기가 진동한다.

분옥정의 숨은 보물은 유당酉堂 김노경金魯敬(1766~1837)과 추사 김정 희 부자의 현판이다. 용계정사와 화수정 현판은 김노경, 분옥정과 청류 헌 현판은 김정희가 썼다고 한다. 김노경은 영조의 외증손인데 이조, 예 조, 병조판서를 거쳐 대사헌을 지낸 인물로 글씨가 뛰어났다.

김정희의 아버지 김노경이 썼다는 용계정사 현판.

　현판 글씨의 주인이 김노경임을 증명하는 근거가 「화수정기」에 나온
다. 「화수정기」는 추사 김정희의 6촌 형이며 우의정을 지낸 사경土經 김
도희金道喜(1783~1860)가 썼다. 기문에 "천릿길을 달려와서 나의 종숙부
유당 상공에게 편액의 글씨를 청했고 내게 정자의 기문을 부탁하므로
(…) 내 이름을 그 정자 사이에 붙이는 것도 또한 다행한 일이라 이에 기
문을 쓰노라"라고 쓴 뒤 "우상 김도희 기記"라고 밝혔다.

　「화수정기」를 토대로 시간을 거꾸로 돌려 200년 전으로 돌아가보자.
조선시대다. 시골의 선비들이 영조의 외증손이며 삼조판서를 두루 거친
천하의 권세가 김노경을 찾아간다. '우리가 종친 간 화목을 도모하기 위
해 정자를 만들었으니 현판 글씨는 대감이 써달라, 정자의 기문은 대감
의 5촌 조카인 도희가 써달라'는 부탁을 했다. 김노경은 한미한 시골에
서 천릿길을 고생고생해서 한양까지 올라온 종친들이 기꺼웠을까? 현
판 글씨를 써줬고 조카에게까지 부탁을 해서 기문을 받아줬다.

　김도희가 우의정으로 있을 때는 1842년이다. 1843년에 좌의정으로
영전했고 이후 판돈녕부사로 은퇴했으므로 기문은 1842년에 썼을 것이

분옥정 앞을 흐르는 용계에 있는 용추폭포.

다. 그때는 이미 화수정 현판을 쓴 김노경이 사망한 지 5년이 지났을 때다. 그러면 현판 글씨를 쓰고 한참 지나서 기문을 따로 보내왔다는 이야기가 된다. 후손 김수일 씨는 "화수정 현판을 걸고 시간이 지나 정기를 보내왔기 때문"이라고 설명했다.

분옥정과 청류정 현판은 추사의 글씨라고 한다. 현판 뒷면에 "도광 무자 중춘(1828, 청 도광 8, 순조 28 봄)에 판서 종친 정희 씨가 청류헌, 분옥정 글씨를 썼고 두 액자를 그해 겨울 경주 진영의 진장인 노혁 씨가 사람을 시켜 조각하여 보내와 이듬해(1829) 정월 10일에 걸었다"라고 적혀 있다.

이때는 추사 나이 43세. 충청우도 암행어사와 의정부 검상을 거쳐 예조참의에 올랐고 아버지 김노경은 평안감사를 임명받아 부자가 승승장구하던 시기였다. 또 24세 때 동지부사인 김노경을 따라 자제군관 자격으로 연경을 다녀온 이후 중국의 섭지섭, 오숭량과도 시와 그림을 주고받으며 활발한 교류를 하던 시기였다.

입암사우와
기거하며
자연을 노래하다

:

포항 일제당日躋堂

포항에서 대구포항고속도로를 달리다가 서포항 톨게이트에서 빠져나와
오른쪽으로 꺾으면 기계면이다. 기계면을 지나 20여 분 차로 달리면 죽
장면사무소가 나오는데 면사무소 앞 삼거리에서 직진하면 곧 입암서원
이 나온다. 남쪽으로 고개를 돌리면 가사천 맑은 물이 흐르고 계곡에
우뚝 선 거대한 바위가 있다. 입암立巖, 선바위다. 바위가 붓처럼 서 있
다. 선바위 뒤 기암절벽에 기대고 선 정자가 일제당이다. 맑고 푸른 물,
그 위에 우뚝한 선바위, 기암절벽과 푸른 산을 거느리며 자연스레 이
일대의 경물이 됐다. 17세기 조선 유학을 대표하는 선비, 여헌旅軒 장현
광張顯光(1554~1637)이 머물면서 이름을 오래 떨친 곳이기도 하다.

입암에 먼저 들어온 이는 권극립權克立과 손우남孫宇男이다. 임진왜란
을 피해 터를 잡았다. 3년 뒤 청송에 있던 장현광을 찾아가 입암의 경치
를 이야기하고 놀러올 것을 권유했다. 장현광은 몇 차례 입암을 둘러본
끝에 아름다운 경관에 매료돼 눌러 앉았다.

장현광은 그때 마흔세 살이었다. 그는 지난해 가을에 류성룡의 천거
로 보은현감에 임명됐다. 벼슬살이에 관심이 없었던 그는 7개월 만에

선바위 뒤편으로 일제당이 보인다.

맵시 넘치게 솟아오른 아름다운 건물

사직상소를 올렸다. 충청감사가 사표를 받아주지 않자 무작정 벼슬자리를 내던지고 선산으로 내려왔다. 이 일로 의금부에 압송됐다가 풀려난 그는 청송에 머무르고 있었다. 그때 정사진鄭四震, 권극립 등이 찾아와 입암에 들어가 함께 살자고 권유했던 것이다.

"오랜 친구인 군섭君燮(정사진의 자)은 관향이 연오延烏이고 영양永陽에 거주했다. 그는 일찍이 나에게 말했다. '이 군郡의 동북쪽에 한 마을이 있는데 시냇가에 우뚝 솟은 바위가 있어 마을 이름을 입암立巖이라고 합니다. 바위 주변에 임시로 거처하는 곳이 시냇물의 남북쪽에 있으며 남쪽 가에는 예부터 거주하는 사람이 있고 북쪽 가에는 빈 땅이 되었습니다. 이 마을은 농사를 지을 만한 토지가 있고 물고기를 잡을 만한 시내가 있고 물을 길을 만한 샘물이 있으며, 봄에는 수많은 골짜기에서 산나물이 나오고 가을에는 여러 골짜기에 과일이 풍성합니다. 만약 산에 대한 취미가 없는 사람이라면 그만이거니와 만일 산을 좋아하고 물을 좋아하는 자가 있으면 함께 살 만합니다.' (…) 했다. 이 마을은 또 읍내와 거리가 멀기 때문에 임진년과 계사년에 왜적이 와서 침범하지 못했다. 금년 봄에 경성京城이 북쪽 오랑캐에게 함락되었으므로 몸을 탈출하여 이곳으로 들어오니, 마을 가운데의 시냇물과 돌이 옛날과 똑같았고 온갖 물건이 그대로 있었다."

_장현광, 「입암설立巖說」 중

입암에 눌러앉게 된 장현광은 흰 돌에 나이순대로 권극립, 손우남,

정사진, 정사상鄭四象 등 네 사람의 이름을 쓰게 하고 돌을 바위굴에 묻은 뒤 청유淸遊의 약속을 맺게 했다. 그리고 이들을 '입암사우立巖四友'라 불렀다.

장현광은 입암을 중심으로 주변의 바위와 연못, 봉우리, 나무, 절벽 등 28곳에 입암촌, 계구대, 학욕담 등의 이름을 붙였으니 '입암 28경' 이다.

> 산은 낙문산 뒤에 있는데 山在樂聞後
> 이곳에 학욕이란 못이 있다오 有潭名鶴浴
> 학 또한 신령스러운데 鶴亦物之靈
> 그림자 끊겼으니 언제 목욕이나 해볼꼬 影斷何嘗浴
>
> _장현광, 「학욕담鶴浴潭」

임진왜란이 끝나갈 무렵인 1598년 장현광과 정사우는 제각기 귀향 길에 올랐는데 권극립만 입암에 남아 이 일대 솔안마을이 안동 권씨의 세거지가 됐다. 이 때문에 입암서원과 일제당은 권씨 문중이 관리하고 있다.

장현광은 40년 뒤에 병자호란이 일어나고 끝내 국치를 당하자 다시 입암으로 돌아와 살다가 1년만인 1637년 일제당 옆 만욱재에서 세상을 떠났다. 장현광이 입암에 머무를 때 가사 문학의 대가 노계蘆溪 박인로朴仁老(1561~1642)가 자주 왕래했다. 임진왜란 당시 의병을 자원하고 40대에 들어서 무과에 급제한 박인로는 만년에 고향 영천에 머물면서 수시로 입암에 있는 장현광을 찾아 묻고 답하며 학문을 닦았다.

"당시 지산, 여헌 두 분 선생께서는 자연 속에 거처하면서 도의를 강론
하셨는데 공은 자주 가서 가르침을 청했다. 장 선생께서 공과 더불어
말씀하신 며칠 뒤에 탄복하여 말씀하시기를 '무하옹은 늙고 또한 병들
었지만 능히 분발하면 먹는 것조차 잊을 정도의 대인의 도가 있어 마
땅히 (그 이름이) 동방에 떨칠 만한 보기 드문 호걸지사豪傑之士'라 하시
고 (또한) 문학으로 권장하셨다."

_정규양鄭葵陽, 「박인로 행장蘆溪朴公遺事(行狀)」

박인로는 그의 나이 69세가 되던 해 장현광의 '입암 28경'을 기초로
「입암 29곡」을 썼다.

무정히 서 있는 바위 유정하여 보이네
가장 신령하다는 우리도 꼿꼿이 서기 어렵거늘
만고에 곧게 선 저 자태는 고칠 적이 없네

_박인로, 「입암立巖」 제1수

일제당은 본래는 입암정사였다. 장현광이 정사 기문도 쓰고 시도 쓰
며 애정을 보였으나 뒤에 일제당으로 고쳐 불렀다. 일제당은『시경』「상
송商頌·장발長發」에 "탕왕의 탄생이 늦지 않으시어 성스러움과 공경이
날로 진전되었다湯降不遲 聖敬日躋"라는 구절에서 차용했다. "성탕도 성스

럽고 공경하였으니 / 하물며 우리가 뜻을 두지 않을 수 있겠는가 / 제
때에 넓히고 건축하여 / 길이 강학할 장소가 되었으면 하네"(장현광, 「일
제당」)

　뒤로는 깎아지른 듯한 기암절벽이 병풍처럼 둘러치고 앞으로는 선바
위가 계곡물 위에 수호신처럼 우뚝 섰다. 일제당은 1600년(선조 33)에
지어졌다. 절벽에 의지하여 높은 자연석 축대를 쌓고, 그 위에 건물을
앉혔다. 정면 3칸, 측면 2칸 규모의 팔작기와집으로 가운데 칸은 마루,

입암과 가사천.

양쪽 칸은 온돌방으로 되어 있으며, 마루 뒷벽에 출입문을 세우고 누마루를 꾸며 계자난간을 둘렀다. 자연석 축대 위에는 방이 들어서 있고 마루는 허공 쪽으로 낸 뒤 그 밑을 긴 나무 기둥으로 받친 구조다.

정자 안에는 두 개의 방과 감실이 있는데 감실에는 책을 쌓아두고 있었다고 한다. 동쪽 방은 우란재友蘭齋다. 지란지우芝蘭之友, 난초와 지초처럼 서로 좋은 향기를 내뿜는 친구를 말한다. 장현광과 정사상이 거처했다. 열송재悅松齋는 송무백열松茂栢悅, 소나무가 무성한 것을 보고 측백나무가 기뻐한다는 뜻이다. 손우남과 정사진이 묵었다.

정자 안에서 내다보는 가사천은 기대했던 것보다 아름답지 못하다. 뜨거운 부뚜막 위에 앉아 있는 것 같이 불편한, 길고 긴 마른장마 탓이다. 맑고 푸른 가사천은 바닥을 드러냈고 계곡물은 실개천이 돼 뜨거운 김을 푹푹 쏟아내고 있다. 마주보고 있는 구인봉이 아니었다면 산천 어디에서 선비의 푸른 기개를 찾을 수 있을까 싶을 정도로 세상은 말라 있다.

정자 앞에서 보는 입암은 장대하다. 높이 20미터, 둘레가 15미터나 된다. 알 수 없는 거대한 힘이 계곡에 큰 바위를 세우고 차례로 일제당을 낳고 입암서원을 세운 것이 아닐까 하는 착각이 들 정도다. 장현광은 입암을 '입탁암立卓巖'이라고도 불렀다. 『논어』의 "소립탁이所立卓爾"에서 나온 말이다. 안연이 공자의 위대함을 말하는 대목에 나온다. "그만두려고 하나 그만둘 수 없어 내 재능을 다하려 하니 우뚝 서 있는 듯하여 비록 따르고자 하나 따라갈 수 없을 뿐이다欲罷不能, 旣竭吾才, 如有所立卓爾. 雖欲從之, 末由也已."

장현광은 선조, 연산군, 인조 세 임금을 거치면서 37차례나 관직을 제수 받았으나 매번 사직 상소를 올리고 나아가지 않았다. 보은현감, 의성현감 등 외직 외에 세 차례 내직을 맡았으나 곧바로 사직했다. 인조 때에는 무능한 정치를 지적하면서 이럴 거면 왜 반정을 일으켰느냐는 내용의 상소를 올리기도 했다. 실로 조식의 「단성소」에 버금가는 임금에 대한 통렬한 비판이었다. 77세가 되던 해와 79세가 되던 해 대사헌에 제수됐으나 나아가지 않거나 병으로 사직했다. 효종 대에 와서 의정부좌찬성, 영의정에 추증됐고 포항 입암정사, 성주 천곡서원, 서산 여헌영당, 구미 동락서원, 청송 송학서원, 영천 임고서원, 의성 빙계서원에 제향됐다. 시호는 문강文康.

장현광의 제자이며 남명 조식의 아들인 간송당澗松堂 조임도趙任道 (1585~1664)는 『취정록就正錄』에서 장현광과의 첫 만남을 이렇게 기록했다. "얼굴은 물에 담근 듯 붉고 눈모양이 단정하여 시선을 함부로 돌림이 없었다. 말과 행동에 법칙이 있어 조용하고 온화하면서도 굳세며 깊고 담박하며 원대했다. 내가 보건대 평이하면서도 확고하여 함부로 범할 수 없는 기상이 있었다."

일제당 북쪽에 있는 입암서원立巖書院은 1657년 여헌 장현광을 추모해 사후 20년이 지나 건립됐다. 장현광을 주벽으로 하고 입암사우라 불리던 권극립, 정사상, 손우남, 정사진을 함께 배향하고 있다.

바위 등지고 작은 집 지어 놓으니 負巖開小齋
시냇물이 앞으로 지나가네 澗流當前過

섬돌은 반석 위에 쌓이고 階因巖趾築

처마는 송백을 어루만지네 簷與松柏摩

더운 여름에는 못에서 시원한 바람 불어오고 炎夏納潭凉

추운 겨울에는 온화한 양기가 들어오네 凍寒來陽和

두서너 사람과 함께 머물며 同棲二三子

밤낮으로 절차탁마한다오 晝夜相切磨

상자에 경전을 구비해놓으니 龕儲備經傳

서로 강마하기 편리하네 且便相講劘

해 저물면 몇 잔 술 마시고 日晡數酌罷

함께 남쪽 누대에 올라가 시 읊노라 携上南臺哦

골짝은 때로 정취가 다르나 洞天時異趣

입암은 항상 변치 않네 立巖恒不頗

노부가 친구들에게 당부하노니 老夫勸諸益

이 못난 백발 늙은이 어이 보지 않는가 盍觀醜頭皤

나이 이순이 되었건만 年齡及耳順

나아지기는커녕 그대로 머물러 있네 進步坐蹉跎

뜻을 세움은 소년 시절에 해야 하니 立脚貴及早

세상의 시끄러운 파도 따르지 마오 勿追世奔波

학문 수양은 부디 날짜를 아껴야 하니 藏修宜惜日

세월은 베 짜는 북처럼 빠르다오 歲月疾如梭

_장현광, 「입암정사」

제 3 부

그리움이 향한 곳

慕

억울하게 죽어간
임진왜란의 영웅

:

광주 취가정醉歌亭

자미탄紫薇灘은 광주천의 옛 이름이다. 천변에 자미(배롱나무)가 무성하게 자라서 그렇게 이름 붙였으나 아래쪽에 광주호가 생기면서 광주천으로 이름을 바꿨다. 광주천은 무등산에서 발원하여 동구 용연동과 학동을 거쳐 시가지 서쪽에서 극락천과 합류한 뒤 영산강으로 흘러든다. 영산강의 제1지류다.

광주천 중에서도 광주호 상류를 창계천이라고 하는데 이 일대가 호남가단의 성지다. 창계천을 사이에 두고 광주와 담양이 갈라진다. 강건너 담양에는 양산보梁山甫의 소쇄원과 임억령林億齡의 식영정이 있고 반대편 광주에는 환벽당과 취가정이 있다. 환벽당은 정철이 어려서부터 벼슬에 나설 때까지 스승 김윤제金允悌에게서 수학하던 곳이다. 정철은 식영정과 환벽당을 오가며 「성산별곡」 등 시가를 지었다.

취가정은 환벽당의 남쪽 광주 무등산 언덕 위에 있다. 임진왜란 때 의병으로 나서 혁혁한 공을 세웠으나 모함에 걸려 서른 나이에 죽은 충장공忠壯公 김덕령金德齡(1567~1596)을 추모하기 위해 1890년 후손 김만식金晩植 등이 세운 정자다.

취가정은 무등산 자락 야트막한 언덕에 있다.

취가정 정면 네 개의 기둥에 걸려 있는 주련. 김덕령의 충성심을 노래했다.

김덕령은 1593년 임진왜란 때 어머니 상중에 담양에서 의병을 일으켜 공을 크게 세웠다. 그 공으로 선조로부터 형조좌랑 직함과 함께 충용장 군호를 받았다. 이듬해 세자의 분조分朝로 세워진 무군사에서 용맹을 떨쳐 익호장군, 초승장군 군호를 받았다. 그 후 의병장 곽재우와 함께 권율의 막하에서 영남 서부 지역의 방어를 맡았다.

김덕령의 어이없는 죽음은 전쟁이 끝난 뒤에 찾아왔다. 이몽학의 난이 일어났다. 영화 「구르믈 버서난 달처럼」이 이몽학의 난을 배경으로 하고 있다. 임진왜란이 끝나자 선조는 전쟁 중에 공을 세운 신하와 장수에게 훈장을 수여했다. 일등무공훈장을 받은 사람이 98명이었다. 그 중 80명이 자신의 몽진을 도운 신하와 의주까지 호송한 환관이었다. 목숨 걸고 전쟁에서 싸운 무신은 18명에 불과했다. '이몽학의 난'은 이런 차별에 불만을 품고 충청도 부여에서 일어났다.

이몽학의 난을 토벌하라는 명이 김덕령에게 떨어졌다. 김덕령은 부대를 이끌고 부여로 향했다. 김덕령이 온다는 소문이 반란군에게 전해지자 이몽학 무리는 혼란에 빠졌다. 이몽학이 난을 일으키면서 김덕령이 자신과 함께 거사하기로 했다고 헛소문을 퍼뜨렸기 때문이다. 속았다는 사실을 안 부하들이 이몽학의 목을 치면서 반란은 쉽게 제압됐다. 남원까지 갔던 김덕령은 진주로 돌아갔다.

사단은 반란군 취조과정에서 일어났다. 반란군을 취조하는 과정에서 곽재우와 김덕령이 동조세력이라는 허위 자백이 나왔던 것이다. 김덕령은 선조의 친국을 받는다. 그는 자신의 결백을 주장했다. 여섯 차례에 걸친 혹독한 고문을 했다. 살이 터지고 뼈가 부스러지는 고문 끝에 그는 마침내 29세의 나이로 세상을 하직했다. 고문을 받으면서 죽음을 예감했던 그는 절명시 한 수를 남겼다.

춘산春山에 불이 나니 못다 핀 꽃에 다 붙는다
저 뫼 저 불은 끌 물이나 있거니와
이 몸에 내 없는 불이 나니 끌 물 없어 하노라

_김덕령, 「춘산곡春山曲」

김덕령이 억울한 죽음을 당하게 된 배경에는 윤두수尹斗壽, 윤근수尹根壽 형제의 개인감정이 작용했다. 1596년 김덕령의 휘하에 탈영병이 생겼는데 그가 도체찰사 윤근수의 종이었다. 김덕령은 탈영한 종의 행방을 찾기 위해 종의 아버지를 잡아들였다. 윤근수가 찾아와 선처를 부탁하고 돌아갔지만 김덕령은 곧바로 종의 아버지에게 매질을 가해 숨지게했다. 윤근수의 마음이 어땠을지 짐작이 간다.

반란사건에 대한 조사를 윤근수가 맡았다. 친국을 받자 정탁鄭琢이 나서서 풀어줄 것을 호소했고 류성룡은 죄를 신중히 따지자고 했으나 윤근수의 동생 윤두수는 엄벌을 주장했다. 결국 김덕령은 고문을 받다가 죽었다. 전쟁이 끝나면 고향으로 돌아가 낚시나 하며 여유롭게 지내자던 그의 꿈은 물거품이 됐다. "가야금 타고 노래하는 건 영웅이 할 일이 아니지 / 칼춤은 옥장玉帳(군막)에서 추어야지 / 다음에 전쟁이 끝나고 고향에 돌아간 뒤 / 강호에서 낚시나 하지 또 무엇을 찾으랴(「군중작軍中作」)

정자의 이름은 석주石洲 권필權韠(1569~1612)의 시에서 나왔다. 권필이 어느 날 꿈을 꾸었다. 꿈속에 죽은 김덕령이 나타나 작은 책 한 권을 주었는데 첫머리에 실린 시가 「취시가醉時歌」였다.

아무도 이 노래 듣는 사람 없네 此曲無人聞

꽃과 달에 취하고 싶지도 않고 我不要醉花月

높은 공을 세우고 싶지도 않아 我不要樹功勳

공훈을 세우는 것도 뜬구름이고 樹功勳也是浮雲

꽃과 달에 취하는 것 역시 뜬구름 醉花月也是浮雲

한잔하고 부르는 이 노래 醉時歌此曲

내 마음 아는 이 아무도 없네 無人知我心

긴 칼 차고 명군을 받들고 싶을 뿐 只願長劍奉明君

_권필, 「취시가醉時歌」

꿈속에서 김덕령의 노래를 들은 권필은 이렇게 답했다.

지난날 장군이 쇠창을 잡고 전쟁에 나섰건만 將軍昔日把金戈

장한 뜻 중도에 꺾이니 어쩌랴 壯志中摧奈命何

지하에 계신 영웅의 한없는 원한이 地下靈英無限恨

분명 취시가 한 곡조에 드러나는구나 分明一曲醉時歌

_권필, 「취시가에 대한 답가」

권필은 조선의 아웃사이더였다. 정철의 제자다. 정철이 강계에 귀양 살이를 할 때 만나러 가기도 했고 경기도 고양시에 있는 정철의 무덤을 찾아가 「정송강 선생 무덤을 지나면서」라는 시를 짓기도 했다. 시문이 뛰어났으나 시 한 수 때문에 목숨을 잃었다.

1611년 광해군이 왕위에 있을 때 임숙영任叔英이 과거에 장원급제했다. 임숙영은 임금이 내린 책문에 답을 하면서 광해군의 실정을 신랄하게 비판했다. '나라의 병은 임금에게 있다'는 내용이었다. 외척이 득세하고 간신이 설쳐도 바른 말을 하는 신하가 없고 백성이 굶주려도 임금이 거들떠보지도 않는다고 썼다. 광해군이 화가 나 급제를 취소했다. 이듬해 이 사실을 안 권필이 시 한 수를 읊조렸다.

> 궁 안의 버들 짙푸르고 꾀꼬리는 어지러이 나는데 宮柳靑靑鶯亂飛
> 온 성안 벼슬아치들 봄빛 풍경에 난리가 났다 滿城冠蓋媚春輝
> 조정에선 태평성대 즐겁다고 축하하는데 朝家共賀昇平樂
> 그 누가 위태로운 말 포의에게서 나오게 했나 誰使危言出布衣
>
> _권필, 「궁류시宮柳時」

궁궐 안의 버드나무 '궁류'는 광해군의 처남 유희분柳希奮 일파를 가리킨다. 유희분과 외척에 휘둘리는 광해군을 겨냥해 직격탄을 날렸다. 궁궐안의 외척과 벼슬아치들이 왕에게 아양을 떨어 태평성대라고 이야기하고 있는데 왕의 실정을 질타하는 위태로운 말을 하게 한 사람이 누구이겠는가. 왕의 실정이 임숙영에게 그런 말을 하게 하지 않았느냐는 것

취가정의 마루.

이다. 한마디로 왕, 자신이 잘못해놓고 그걸 지적하는 사람에게 보복을 하느냐는 말이다.

화가 머리끝까지 난 광해군은 권필을 의금부로 압송해 혹독하게 고문을 한 뒤 함경도 경원으로 귀양을 보냈다. 권필은 귀양을 가던 중 동대문 밖에서 전송 나온 친구들과 술을 폭음한 다음날 고문당한 자리가 도져 죽었다. 그의 나이 44세였다. 정작 광해군을 비판한 글을 써 급제 취소 위기에 몰렸던 임숙영은 조정 대신들의 극렬한 만류로 벼슬자리에 올랐으니 아이러니다.

'취가정' 편액은 설주雪舟 송운회宋運會(1874~1965)가 썼다. 송운회는 보성에 유배를 오게 된 영재寧齋 이건창李建昌(1852~1898)의 문하로 들어가 학문과 서예를 익혔고 주로 해서, 행서, 초서를 썼다. 그의 진초眞草는 '선仙의 경지에 이른 신필'이라는 평을 받았다. 보성에 살면서 열심히 글씨를 썼으므로 "보성 강물이 온통 설주 선생 붓 헹구는 물"이라는 말을 들었다. 송운회는 정자 정면의 네 기둥에 주련시까지 남겼다.

충성스런 마음 해와 달을 꿰고 忠貫日月
기개는 산과 강을 뒤덮었도다 氣壯山河
취한 채 땅에서 부른 노래 醉歌於地
감동하여 하늘도 들었구나 聲聞于天

김덕령은 1661년(현종 2)에 신원이 돼 관작이 복구되고 병조참의에 추증됐다. 1681년(숙종 7)에 병조판서로 추증되고 1788년에는 의정부 좌참찬에 추증됐다. 이윽고 부조특명(국가에 공훈이 있는 인물의 신주를 영구히 사당에서 지내게 하던 특전)이 내려졌다. 광주의 벽진서원에 제향됐으며 이듬해 의열사로 사액됐다.

정조도 김덕령이 억울하게 죽었다며 안타까워했다. 화순에 있는 영롱대玲瓏臺 안에는 정조가 하사한 「김충장유사서金忠壯遺事序」 현판이 걸려 있다. 영롱대는 김덕령의 숙부 농재瀧齋 김곤변金鯤變(1541~1592)의 정자다. 김덕령은 가끔 이곳에 와서 낚시를 즐겼는데 이 때문에 정자를 김장군조대라고도 부른다고 한다.

"아, 충장공 같은 이는 어쩌면 그리도 불행했던가. 그가 태어난 시기

는 국운이 한창 왕성하던 선묘 때였다. (···) 그 강대하고 충만한 기운을
절월을 잡고 전군을 지휘하는 데 조금이라도 써보았더라면 연연산燕然山
에다 공적을 새길 만도 하고(아전 출신 김귀일이 북방을 지킬 때 중국 연연
산을 밟은 일을 가리킴) 능연각에 화상이 걸릴 만도 했을 뿐더러 임진왜
란 8년 동안이나 그들로부터 치욕을 당할 까닭도 없었을 것이다. 애석
하게도 하늘은 그를 내셨는데 사람이 액을 주고, 재주는 타고났는데 쓰
이는 길은 인색하여 결국 무묵의 한처럼 당하고(···)"라며 정조도 안타
까워했다.

　1975년 그의 충절을 기리기 위해 광주광역시 북구 금곡동에 충장사
를 세웠다. 광주 충장로는 그의 시호 충장에서 빌려온 이름이다.

취가정 안에서는 자미탄을 뒤로 하고 앞의 들판을 내려다 볼 수 있다.

죽음으로
절개 지킨 아내를
그리워하다

:

김천 방초정芳草亭

●

방초정은 김천시 구성면 상원리 원터 마을에 있다. 조선시대의 관영숙소인 상좌원上佐院이 있던 곳인데 마을 이름은 여기서 비롯됐다. 이곳에 사람이 살기 시작한 것은 조선 중기인 1519년(중종 3)으로 추정된다. 연안 이씨 부사공파 일가가 처음으로 터를 잡고 마을을 이룬 이래 500년 세거지로 명맥을 이어오고 있다. 연안 이씨는 이무李茂가 시조다. 무는 신라 태종 무열왕 7년 나당연합군이 백제를 정복할 때 연합군 사령관을 맡았던 소정방의 부장으로 왔다가 신라에 귀화했다. 무열왕은 중국 노자의 후손인 그를 연안후로 봉하고 식읍을 내렸다. 연안 이씨는 그렇게 이 땅에 뿌리를 내렸다.

방초정은 마을 입구에 성문처럼 서 있다. 마을을 지키는 수호신처럼 보이기도 한다. 100여 군데의 누정을 둘러보았지만 이렇게 자리 잡은 정자는 처음 대하는지라 어리둥절하기도 하고 신선하기도 했다. 누각처럼 생긴 정자가 마을의 입구에 서 있는 이유는 이 마을이 연안 이씨의 세거지라는 데서 설명이 가능하다. 마을 공동체의 공공공간으로서의 성격이 강했을 것으로 추정된다. 집안의 대소사를 논하는 마을 회관 노

방초정은 마을 입구에 세워져 마을의 수호신 같다.

릇도 하고 문중 자식들을 가르치는 학교 역할도 했을 것으로 보인다.

　방초정을 처음에 지은 이는 부호군을 지낸 방초芳草 이정복李廷馥 (1575~1637)이다. 1625년에 지었다. 2층 누각에 팔작지붕, 정면 3칸, 측면 2칸 규모의 장방형 건물이다. 2층에 세 짝의 들문을 달아 들어서 올리면 마루가 되고 내려서 닫으면 방으로 쓸 수 있게 했다. 겨울에도 지낼 수 있게 온돌을 넣었다. 정자의 아래층은 자연미를 살린 통나무 기둥에 2층 온돌방의 불을 지피는 아궁이, 굴뚝의 기능을 하는 호박돌을 붙인 벽담으로 둘러싸여 있다. 기단 네 모서리에는 가늘고 둥근 활주가 지붕 추녀를 받치고 있다.

　정자 안에는 방초정과 일대의 가경을 노래한 제영시 38편이 걸려 있다. 송시열의 9세손인 송병선宋秉璿의 시와 이만영의 '방초정 10경'이 눈길을 끈다. 이만영의 방초정 10경은 방초정을 시점으로 하는 집경시로 당시 방초정 일대의 풍경을 엿볼 수 있는 자료다. 정자 안 사방 귀퉁이에 주련 형태로 걸려 있다. 1경 '일대남호一帶鑑湖'는 난간 밖 감호 일대의 물가 풍경과 봄날의 고기잡이 모습을 그리고 있다. 2경 '십리장정十里長亭'은 마을 앞에 우뚝 솟아 여행길의 이정표 역할을 하는 정자의 모습을 묘사하고 있다. 3경 '금오조운金烏朝雲'에서는 금오산 아래 구름이 깔릴 때의 선경이 그려져 있고 4경 '수도모설修道暮雪'은 인근 수도산의 해 저무는 설산 풍경이 그림처럼 펼쳐진다. 5경 '나담어화螺潭漁火'는 연못에 불 밝히고 고기 잡는 풍경이다.

　나담에 고기잡이 불을 밤새도록 밝히니 漁火螺潭竟夜明

기러기가 달인가 하여 모래밭에 내려앉는구나 鳫鴻疑月落沙平

돌아갈 때 사람들이 강남의 경치를 물으면 歸時人間江南景

방초 높은 정자가 가장 유명하다고 하리라 芳草高亭崔有名

_이만영,「나담의 물고기잡이불螺潭漁火」

6경 '우평목저牛坪牧笛'는 들판에서 부는 목동의 피리소리를 정자에서 듣고 읊는 노래다. 7경 '굴대단풍窟臺丹楓'은 굴대 주변의 붉은 단풍의 아름다움을, 8경 '송잠취림松岑翠林'은 푸른 송산의 수풀에서 들려오는 새소리, 9경 '응봉낙조鷹峰落照'는 응봉 아래로 해떨어지는 풍경이다. 10경 '미산반륜眉山半輪'은 미산 위에 뜬 반달을 노래했다.

빈 들녘 가을 누정에 푸르스름한 달빛 새롭다 曠野秋亭璧月新

나는 소쇄한 안개 속에서 옛사람을 생각하네 我煙蕭灑想前人

늙은 소나무와 키 큰 버들이 있는 땅은 울퉁불퉁한데 老松高柳逆差地

딱 한 가지 경치를 시로 묻나니 방초의 봄이로다 一景問詩芳草春

_송병선,「방초정芳草亭板上韻」

방초정 앞에 있는 연못은 '최씨담'이다. 방초정과 최씨담에는 왜구의 말발굽에 짓밟힌 조선의 쓰라린 역사와 정자 주인 집안의 슬픈 가족사가 담겨 있다. 1592년(선조 25) 임진왜란이 일어났다. 왜장 구로다가 이끄는 제3번대와 모리와 시마즈가 인솔하는 제4번대가 성주, 지례, 개령, 김산(지금의 김천)을 지나 추풍령으로 향했다. 그때 이정복은 원터에 있

방초정과 최씨담.

두 섬은 정절을 지키기 위해 자결한 최씨 부인과 여종 석이를 위해 조성했다는 설이 있다.

었다. 1년 전 하로 마을의 화순 최씨에게 장가를 들었던 그는 처가에서 혼자 본가로 돌아와 있었다.

왜군이 다가오자 선영이 있는 능지산 아래로 피신했다. 한편 친정인 하로 마을에 남아 있던 부인 최씨는 왜군이 가까이 오고 있다는 소식을 듣자 죽어도 시집에서 죽겠다며 여종 석이를 데리고 시댁으로 향했다. 40여 리 산길을 걸어 도착했으나 시댁 식구들은 모두 능지산으로 피난을 가고 없었다. 시댁 식구들이 있는 능지산으로 발걸음을 옮기던 중 왜구들과 마주쳤다. 최씨는 왜구에게 겁탈을 당하느니 깨끗하게 죽겠다며 웅덩이에 몸을 던졌다. 최씨를 따르던 여종 석이도 뒤따라 자결했다. 최씨의 나이 17세였다. 사람들이 이 웅덩이를 최씨담이라 불렀다.

화순 최씨 정려각과 여종 석이의 비석.

이정복은 부인이 자결한 웅덩이를 확장해 연못을 만들고 그 옆에 자신의 호를 따 방초정을 세웠다.

1689년에 손자 이해가 중건했지만, 1737년 홍수로 누정이 또 유실됐다. 1788년 5대 후손인 이의조가 현재의 위치로 이건했다. 원래는 감천 가까이에 있었으나 수해를 피해 마을 쪽으로 옮겨왔던 것이다. 감천은 현재의 방초정 자리에서 수백 미터 떨어진 둑 아래에 있다고 한다. '방초'는 당나라 시인 최호崔顥(704~754)의 「황학루黃鶴樓」에서 따왔다. "꽃다운 풀은 무성히 앵무주에 우거졌네芳草萋萋鸚鵡洲"라는 구절이다. 황학루는 악양루, 등왕각과 더불어 중국 강남 3대 누각의 하나다. '앵무주'는 양쯔강 한복판의 모래톱으로 된 삼각주다. 후한 말년 강하태수였던 문인 예형이 황조에게 살해되어 묻힌 곳인데, 예형의 글 「앵무부」를 따서 이름했다. 빼어난 절경지인데다 예형의 고사까지 있는 곳이어서 무수한 시인들이 시를 남겼다. 이백도 「앵무주를 바라보고 예형을 생각하며」라는 시를 남겼다. 최호도 이백도 황학루에서 앵무주를 바라보며 예형의 죽음을 애석해 했다.

'방초'는 『춘향전』에서 이몽룡이 광한루 봄 풍경을 읊는 대목에도 나온다 "푸르게 우거진 나무그늘과 향기로운 풀이 꽃보다 나을 때綠陰芳草勝花時"다. 정자의 주인 이정복에게 방초는 꽃다운 나이에 정절을 지키며 숨진 아내 최씨는 아니었을까. 다시 임진왜란 때다. 음력 4월 14일 왜군이 부산포에 상륙했으므로 왜군이 김천까지 쳐들어와 부인이 자결할 때는 양력으로 5월 말이나 6월 초였을 것이다. 그때가 딱 '녹음방초승화시'였던 것이다. '방초'는 절개를 지킨 부인의 향기이고 '앵무주'는 부인이 몸을 던진 최씨담이 아닐까. 이백과 최호가 황학루에서 앵무주를 내려 보며 예형의 죽음을 애도했듯이 이정복도 방초정에서 최씨담을 보며 부인의 죽음을 슬퍼했을 것이다.

1632년(인조 10) 최씨 부인에게 정려가 내려졌다. 정려문은 1764년에 세웠으며 현재의 여각은 1812년에 증축했다. 정려각 내에 있는 '절부부호군 이정복 처 증숙부인 화순최씨지려節婦副護軍李廷馥妻贈淑夫人和順崔氏之閭' 라는 정려문은 인조의 친필이다. 정려각 앞에는 '충노석이지비忠奴石伊之碑'라는 비석도 나란히 있다. 최씨 부인과 함께 자결한 여종 석이의 비석이다. 이 비석은 연안 이씨 후손들이 여종 석이의 영혼을 위로하기 위해 제작했으나 종의 비석을 절부의 정려각 앞에 세울 수 없다며 최씨담에 던져 넣었다가 1975년 최씨담 준설공사 중 발견돼 현재의 자리에 옮겨졌다.

최씨담에는 수백 년 된 버드나무가 물속에 발을 깊이 드리우고 있다. 그 옆에 꽃 떨구고 뼈만 앙상한 늦가을의 배롱나무가 스산하게 자리를 지키고 있다. 회화나무, 잣나무, 밤나무와 불두화, 사철나무, 무궁화, 작약, 원추리, 국화, 창포도 일찍 찾아온 추위 앞에 몸을 낮추고 있다.

최씨담에는 두 개의 작은 섬이 있다. 우리나라 연못 안 섬은 삼신산을 상징하는 세 개의 섬을 두거나 대개는 하늘은 둥글고 땅은 네모나다는 천원지방 사상을 나타내는 한 개의 섬을 조성하는 방지원도형이다. 두 개의 섬을 조성한 방지쌍도형은 드물게 보이는 형태다. 해와 달을 상징한다고도 하고 정절을 지키기 위해 물에 빠져 죽은 최씨와 석이를 추모하기 위해 일부러 만들었다고도 한다.

최씨담에 있는 수백 년 된 버드나무

조선의 아웃사이더
청운의 꿈을 키우다

:

나주 영모정永慕亭

●

백호白湖 임제林悌(1549~1587)는 조선시대의 돌연변이였고 아웃사이더였
다. 시대의 가치를 거스르는 자유로운 영혼이었으며 시대와 불화하는
아웃사이더였다. 술과 친구를 좋아했고 사랑 앞에 주저하지 않는 로맨
티스트이기도 했다. 무엇보다 시와 소설 등 방대한 저작을 남긴 예술가
였다.

그가 남긴 수많은 에피소드 중 압권이 황진이 묘소 참배 '사건'이다.
에피소드를 군이 '사건'으로 표현한 것은 그의 생애에서 방점을 찍어 기
록할 만한 일이 이 일 말고도 한두 가지가 아니었으며 황진이 묘소 참
배 건은 수많은 에피소드 중 역사에 기록으로 남길 만한 일이기 때문이
다. 서도병마사에 제수돼 평양으로 가던 길이다. 송도를 지나며 송도 기
생 황진이를 만나 시담이나 나눌까, 발칙한 생각을 하며 그녀를 찾아갔
다. 그런데 그녀는 벌써 죽었다. 마음이 짠해진 임제는 황진이의 묘에
들러 제사를 지내고 시조를 지었다. 중학교 교과서에 나오는 그 유명한
시조다.

원래 귀래정이었던 영모정이 햇볕을 받고 있다.

청초 우거진 골에 자는다 누웠는다
홍안은 어디 두고 백골만 묻혔는다
잔 잡아 권할 이 없으니 그를 설어 하노라

세상이 발칵 뒤집어졌다. 그는 이 사건으로 부임지에 도착하자마자
파직 통보를 받았다. 벼슬아치가 기생의 무덤에 술 따르고 시를 올리
는 일은 당시로서는 용납할 수 없는 일이었다. 파직돼 터덜터덜 돌아오
는 그의 뒷모습을 생각하니 우습기도 하고 슬프기도 하다. 요샛말로 '웃
프다'. 임제는 로맨티스트다. 기생 한우寒雨와의 러브스토리는 그가 얼

마나 재치 넘치고 낭만적인 사람인가를 잘 보여준다. 한우가 마음에 쏙 들었던 모양이다. 작업을 걸었다. 작업 도구는 자신의 유일한 무기인 시다. 그가 던진 시는 모성본능을 자극하는 상징체계를 갖췄고 유머까지 장착했다. 지적 자부심으로 충만한 여류시인에게 이만큼 유효한 수단이 있을까.

> 북창北窓이 맑다커늘 우장雨裝업시 길을 난이
> 산에는 눈이 오고 들에는 찬비로다
> 오늘은 찬 비 마잣시니 얼어 잘까 하노라

딱 모성애를 자극하는 신파다. 찬비 맞고 다닌 데다 잠까지 추운데서 얼어 자야 할 형편이라고 엄살을 떤다. 그냥 엄살만 떠는 게 아니다. 속뜻을 살펴보면 늑대가 따로 없다. 작업의 고수다. 기생 한우의 이름을 한글로 풀면 '찬비'다. '얼우어'는 '남녀가 서로 교합하다'라는 뜻의 '얼우다'가 기본형이다. 다시 시를 읽어보니 이건 숫제 '19금'이다. '찬비 맞았으니 얼어 잘까 하노라'는 노골적으로 한우를 어떻게 해보겠다는 속내다. 프러포즈를 받은 한우는 한술 더 뜬다.

> 어이 얼어 자리 무슨 일로 얼어 자리
> 원앙침 비취금 어디 두고 얼어 자리
> 오늘은 찬 비 맞았으니 녹아 잘까 하노라.

영모정 앞으로 영산강 황포돛배가 지나간다. 역사도 그 위를 흐른다.

얼어 자기는 무슨 당치않은 말씀. 나를 만났으니 원앙 수를 놓은 베개와 푸른 빛 윤이 나는 비단이불을 깔아서 당신을 녹여주겠다고 기다렸다는 듯이 프러포즈를 받아들인다.

이런 적도 있었다. 술에 취해 말을 탔는데 한 짝은 가죽신이고 한 짝은 짚신이다. 말을 모는 종이 신발이 바뀌었다고 말했다. 그러자 그는 "길 오른쪽으로 지나가는 사람들은 나를 보고 가죽신을 신었다 할 것이고 길 왼쪽을 지나는 사람은 짚신을 신었다 할 것이니 무얼 걱정하겠느냐"라고 했다. 그의 호방한 성격이 잘 드러나는 에피소드다.

조선의 아웃사이더 임제의 흔적을 찾아 나주 영산강변을 걷는다. 그의 족적은 나주시 다사면 회진리 영산강이 내려다보이는 영모정 일대에 고스란히 있다. 영모정은 본래 1520년 귀래정歸來亭 임붕林鵬(1486~1553)이 자신의 호를 따 창건한 귀래정이다. 임붕은 1519년 기묘사화 때 나주 출신 태학관 유생 11인과 전체 유생을 대표하는 소두疏頭 자격으로 대궐 앞에서 조광조의 억울함을 호소했다. 받아들여지지 않자 낙향해 귀래정을 짓고 시를 읊으며 지냈다. '귀래'는 도연명의 「귀거래사」에서 따온 이름. 조선의 좀 나간다 하는 선비들은 너나 할 것 없이 벼슬을 떠나 시골에서 조용히 시나 지으며 살고 싶다는 소망을 가졌는데 그 바람을 아호로 삼아, 정자의 이름으로 지은 것이다. 경주, 안동, 순창, 원주, 고성할 것 없이 전국에 귀래정이란 이름의 정자가 널렸다. 임붕이 죽자 귀래의 의미가 사라졌다. 아들 임복林復과 임진林晉은 아버지를 오래 추모하겠다며 영모정으로 이름을 바꿔 재건했다. 임진은 임제의 아버지다.

임제는 할아버지 임붕의 정자에서 어린 시절 글을 배우고 시를 썼다.

대곡大谷 성운成運을 만나 속리산으로 들어가기 전인 22세 때까지 여기서 공부했다. 그의 호방하고 주체할 수 없는 열정은 이곳에서 키워지고 다듬어졌던 셈이다.

정자는 정면 3칸, 측면 2칸의 겹처마 팔작지붕이다. 2단 기단 위에 덤벙주춧돌을 놓고 2미터가량 되는 원형 장대석을 세운 다음 두리기둥을 이었다. 그 위에 보를 걸치고 동자기둥을 세워 종보 위에 판대공과 파련대공을 올린 견실한 구조를 갖추었다. 왼쪽 1칸은 온돌방, 오른쪽 2칸은 마루방이다.

정자 옆에 400여 년 된 팽나무가 여러 그루 시립해 있는데다 정자 아

400년이 넘은 팽나무가 정자 쪽으로 가지를 뻗고 있다.

나주 영모정 永慕亭

래에 영산강 푸른 물결이 넘실거리고 있어 풍광이 아름답다. 때마침 나주시가 관광 상품으로 개발한 '영산강 황포돛배'가 물살을 가르고 지나가며 운치를 더해준다. 임제가 영모정에서 바라봤을 황포돛배는 300년 전쯤 지나 동력을 달고 관광객들을 유혹하는 매력적인 관광 상품으로 인기를 모으고 있다. 황포돛배에서 바라보는 영모정은 어떤 모습일까? 황포돛배는 영산포선착장에서 이곳 회진까지 10킬로미터 구간을 하루 두 차례 운항한다.

영모정 바로 아래 언덕에는 임제의 족적을 남기기 위한 후세의 노력이 역력하다. 그는 몇 개의 비석과 기념 건물로 뚜렷해졌다. '백호임제선생기념비'와 '물곡사비' '백호기념관'이 있다. 정자에서 서쪽으로 조금 떨어진 곳에 임제의 문집과 글을 모아둔 백호문학관이 있다. 눈길을 끄는 것은 '물곡사비勿哭辭碑'다. 임제의 호방하고 의협심 강한 성격을 그대로 보여주는 유적이다.

사방팔방 오랑캐들도 모두 스스로 황제라 일컫는데 四夷八蠻皆呼稱帝
유독 조선은 중국이 들어와서 주인 노릇하니 唯獨朝鮮入主中國
내가 살아서 무엇을 하며 내가 죽어서 무엇을 하겠는가 我生何爲我死何爲
_임제, 「내 죽음 앞에서 곡을 하지 말라勿哭」

임제는 끊임없이 시대의 이데올로기와 불화했다. 체면과 권위 따위는 아랑곳하지 않았고 천한 신분이라도 자신이 본받을 만하다고 여기면 존경을 표했다. 황진이 묘에서 제사를 지내고 시를 바친 사례가 그

것이다. 사랑하는 사람에게는 사랑의 표현에 거리낌이 없었으며 중국과
사대관계에 있는 조선의 위상에 속앓이를 했다. 임진왜란을 겪으면서도
여전히 당파에서 헤어나지 못하는 정치권에도 울분을 금치 못했다. 하
여 그는 명철보신 대신에 거리낌 없는 행보로 파격을 일삼았다. 그는 벼
슬을 그만두고 산천을 돌아다니다 39세에 세상을 떠났다. 「원생몽유
록」 등 세 편의 한문소설과 1000편의 시를 남겼다.

의상이
관음보살을 만난
자리에
해가 뜨다

:

양양 의상대義湘臺

●

추사 김정희는 미식가였다. 제주도에서 유배살이를 하던 와중에도 아내에게 편지를 보내 곶감, 김치, 산채, 고사리, 소로장이, 약식, 두릅, 새우젓, 조기 볶은 고추장 같은 격식 있는 음식을 보내달라고 했다. 친구인 초의선사에게는 잘 덖은 차를 보내달라고 재촉하기도 했다.

그의 조카 상일이 양양부사로 부임했을 때의 일이다. "큰 바다가 앞에 가로질러 있으니 푸른 고래와 붉은 게는 너의 소유이고, 방어와 연어도 돈을 따지지 않을 것이니, 이것이 어찌 집에서 먹는 사람에게 있을 수 있는 일이겠느냐. 나 같은 노탐은 벌써 입 언저리에 침을 흘리면서 봄 방어를 한껏 먹으리라 자부하는 마음을 감당하지 못하겠다. 다시 너의 구복口腹을 축하하노니, 능히 자잘한 알이 붉은 꼬리(방어)로 바뀐다면 어찌 집게손가락이 크게 움직이지 않겠느냐." 그는 양양 앞바다에서 나는 방어와 대게를 떠올리며 조카의 양양부사 부임을 축하하고 부러워했다.

조선의 문장가 강희맹은 "큰 들녘 동쪽 바다 끝의 해가 보이고, 긴 숲 한쪽에 강 하늘이 보인다"고 썼다. 남대천은 오대산과 구룡령에서 발원

질푸른 양양의 바다를 바라보고 있는 의상대.

한 물이 만나 큰 하천을 이루어 동해로 흘러가는 강이다. 봄에는 황어,
7~8월에는 은어, 10~11월에는 바다에서 자란 연어 떼가 모천 회귀하
는 곳이다. 설악산 대청봉과 한계령, 오색주전골 같은 대한민국 최고의
산악비경이 있는 곳이기도 하다. 조선의 하륜河崙과 조준趙浚이 만년에
청유하던 곳, 하조대河趙臺의 비경도 빼놓을 수 없는 양양의 자랑이다.
　이렇듯 양양은 풍성한 먹거리와 아름다운 경관의 고장이다. 양양의
비경 중에서 낙산사 의상대는 단연 톱클래스다. 강원도 양양군 강현면
전전리, 낙산사 동쪽 해안 절벽 위에 있다. 신라 의상대사가 낙산사를

창건할 때 푸른 바다를 바라보며 좌선하던 곳이다. 관동팔경의 하나이며 동해안에서 가장 아름다운 일출을 연출한다. 의상대를 호위하듯 절벽 끝에 아찔하게 서 있는 소나무, 관음송도 한 폭의 그림이고 의상대에서 굽어보는 북쪽 산자락 끝 바다와 맞닿은 홍련암도 달력 사진이다. 파도소리 청량한 절벽을 끼고 홍련암까지 걸어가는 200여 미터 벼랑길은 장엄하기까지 하다. 영혼의 묵은 때를 씻어내는 바람과 절벽에 부딪히는 파도소리, 바다 풍경까지 오감을 자극하는 교향악이다.

의상대 정자는 1925년 의상대사의 좌선터, 의상대를 기념하기 위해 낙산사 주지 김만옹 스님이 세웠다. 그 후 폐허가 됐다가 1957년 중건했다. 2005년 낙산사 화재 당시에도 의상대와 홍련암은 화재의 피해를 입지 않았다. 의상대와 관련한 첫 기록은 『조선왕조실록』에 나온다. 선조 36년(1603) 3월에 강원도관찰사 박동량朴東亮이 조정에 보고한 내용이다. 양양부에 바위 두 개가 바다 속에서 나와 의상대 아래 가로누워 있는데, 예전에는 돌에 푸르거나 검은 이끼가 끼어 있었으나 최근에는 백분을 바른 것 같이 색이 유난히 하얘졌다는 것이다. 그 당시에 백화현상이 있었던 것인지 알 수 없으나 조선시대부터 절벽바위를 의상대로 불렀다는 사실은 명확하다.

기록에 나오는 '대'가 높은 바위를 지칭한 것인지, 그 당시에 정자가 있었던 것인지를 확인할 수 없다. 다만 정철이 「관동별곡」에서 "의상대에 앉아 일출을 보리라"고 노래한 것으로 보아 조선시대에도 의상대의 일출은 선비들의 버킷리스트 중의 하나였던 모양이다. 정철은 해돋이를 보려고 이른 새벽에 일어나 의상대에 올라 일출을 보고 장관을 노래했다.

배꽃은 벌써 지고 소쩍새 슬피 울 때

낙산 동쪽 언덕으로 의상대에 올라 앉아

해돋이를 보려고 한밤중에 일어나니

상서로운 구름이 뭉게뭉게 피어오르는 듯

육룡이 해를 떠받치는 듯

바다에 떠오를 때는 온 세상이 울리더니

하늘 위에 해가 뜨니 터럭 한 올조차 셀 수 있겠구나

혹시 어두운 구름이 근처에 머무를까 걱정이네

시선은 어디가고 싯구만 남았는가

천지간 장안소식 자세하기도 하구나

_정철, 「관동별곡」 중 「의상대 일출」

미수 허목이 1차 예송논쟁에서 밀려 삼척부사로 온 때가 1660년(현종 1)이다. 2년 만에 2차 예송논쟁이 일어나 전세가 역전됐다. 서인의 영수 송시열은 귀양을 가고 남인의 영수였던 허목은 중앙정계로 복귀했다. 현종은 허목을 대사헌에 임명했다. 그때가 1662년 8월이었다. 허목은 삼척에서 서울로 돌아가는 길에 강호姜鎬가 부사로 있던 양양 의상대에 들러 달이 뜨는 광경과 해돋이를 감상한 뒤 기행문을 남겼다.

"저녁에 의상대에서 놀고 밤이 되어 월출을 구경했는데 그날은 8월 18일이었다. 해상에는 항상 비가 잦아 구름이 감돌며 금세 걷혔다 다시 끼곤 하였는데, 달이 떠오르자 그 빛이 환히 비춰 바라볼 만했다.

아침이 되자 날이 흐리다 잠시 개었다. 바다에 광채가 빛나더니 햇빛이 번쩍이며 자줏빛 기운이 뒤섞여 황홀한 광경이 매우 기이했다. 예전에 내가 피란하여 관동 지역으로 왔는데, 1월 15일에 금양의 통자원에서 월출을 구경했다. 그해 3월 우계에서 일출을 구경했는데 광채가 불빛 같아 눈이 부시고 자줏빛 기운이 바다에 가득하여 이번에 구경한 것과는 매우 달랐다. 그해는 오랫동안 가뭄이 들었고 올해는 비가 많이 내렸으니 태양의 빛도 홍수나 가뭄에 따라 변하는 듯하다."

의상대는 평일인데도 관광객들로 북적인다. 의상이 좌선했던 의상대에 올라 의상의 시선으로 좌우를 둘러본다. 바다는 끝 간 데 없고 파도 소리는 날이 서 있다. 절벽 위에 몸을 맡기고 있는 홍련암은 위태로워 보인다. 파도가 칠 때마다 물결이 암자를 집어삼키지 않을까 두렵지만 파도는 암자의 다리만 살짝 적시고 되돌아섰다가 다시 돌아왔다. 사람들은 정자에 올라 사진을 찍거나 홍련암 가는 절벽 포토존에서 셀카로 여행의 흔적을 남기기에 여념이 없다. 홍련암 가는 길의 산등성이에는 빛바랜 해국이 쓸쓸해 보인다. 해국이 조곤조곤 속삭였다.

벼랑에 기댄 천 년의 나무 倚壁千年樹
허공에 솟은 백 척의 누대 凌虛百尺臺
신승은 자취 없이 떠나고 神僧去無跡
구름 너머 학만 오락가락하네 雲外鶴徘徊

_석수초, 「의상대」

의상대에서 보면 바다를 낀 오솔길 북쪽 산자락 끝의 홍련암은 낙산사 창건의 히든 스토리가 담겨져 있는 곳이다. 661년 당나라에 유학을 갔던 의상대사는 10년만인 671년(문무왕1) 신라로 돌아와 관음보살 진신이 산다는 어느 굴을 찾아왔다. 설악산 산세가 동해 쪽으로 뻗어내려 다섯 봉우리를 이룬 산이 오봉산이다. 『삼국유사』는 이곳을 낙산이라고 했다. 관음보살이 사는 곳을 서역(인도)에 있는 보타낙가산이라고 하는데 이를 줄여 말한 것이다.

의상은 관음보살을 친견하기 위해 굴 입구에서 7일 동안 기도했으나 뜻을 이루지 못하자 물에 뛰어들었다. 그러자 팔부신중이 나타나 의상을 굴 속으로 안내했다. 거기가 관음굴이다. 동해 용을 만나고 또 7일을 더 기도를 올리니 관음보살이 나타나 한 말씀 하신다. "그대가 앉은 자리의 산마루에 한 쌍의 대나무가 솟아날 터이니 그 자리에 불전을 짓는 것이 마땅하다."

의상은 쌍죽이 솟은 자리에 절을 짓고 관음보살을 모신 뒤 낙산사라 이름했다. 의상이 관음보살을 처음 만난 곳에 암자를 지었는데 홍련암이다. 의상대사는 의상대에서 관음보살을 만난 홍련암을 내려다보며 좌선을 했을 것이다. 좌선을 풀고서 낙산사 건축공사를 지켜보거나 멀리 동해바다 일출을 보며 아름다운 경관에 취했을지도 모르겠다.

홍련암은 원효대사의 실패 스토리가 전해지는 곳이기도 하다. 『삼국유사』는 의상과 원효를 나란히 등장시키고 귀족 출신인 의상에게는 성공스토리를, '들보잡'인 원효에게는 낭패의 사례를 만들어 대조 효과를 냈다. 신라 불교의 투톱이었던 원효도 의상이 관음보살을 만났다는 소

의상대사가 관음보살을 만난 홍련암.

식을 들었다. 한발 늦었지만 관음보살을 만나는 일을 지나칠 수 없다. 낙산을 찾았다. 그런데 관음보살은 원효를 자꾸 시험에 들게 한다. 원효 역시 기대를 저버리지 않고 허방만 친다. 『삼국유사』에 나오는 그 장면을 재구성하면 이렇다.

원효가 양양 근처에 이르렀을 때 흰옷을 입은 여자가 벼를 베고 있었다. 원효가 희롱삼아 여자에게 "벼를 줄 수 없겠는가" 하고 물었다. 이미 요석공주와 결혼하며 파계한 원효였다. 그가 달라고 한 벼가 무엇

해안가에서 올려다본 의상대.

이겠는가. 혹시 하룻밤 잠자리는 아니겠는가. 여자가 대답하기를 "벼가 아직 익지 않았습니다" 했다. 너는 아직 멀었다. 그런 뜻은 아닐런지. 다시 가다가 다리 밑에서 빨래를 하는 여인을 만났다. 빨래는 월수백月水帛(여자의 서답)이다. 여자가 피 묻은 서답을 빨고 있는데 원효는 천연덕스럽게 마실 물을 좀 달라고 했다. 여자가 서답을 빨던 더러운 물을 떠 주자 원효는 그 물을 쏟아버리고 깨끗한 물을 떠 마셨다. 그때 소나무에서 파랑새가 날아오르며 '제호스님은 쉬세요'라고 소리치며 날아올랐다. 새가 떠났던 소나무 밑에 신발 한쪽이 떨어져 있었다. 아무 것도 모르는 원효가 낙산에 도착했을 때 소나무 밑에 떨어져 있던 신발의 다른 한쪽이 놓여 있었다. 원효는 벼를 베던 여인과 빨래하던 여인이 관음보살의 화신임을 깨달았다. 관음보살이 있다는 굴에 들어가려 했으나 풍랑이 쳐 들어가지 못했다.

『삼국유사』는 관음보살이 의상을 받아들이고 대신 원효를 내쳤다고 전한다. 이로써 의상대사는 1300여 년에 이르는 동안 낙산사와 홍련암, 의상대는 물론 절과 암자, 정자가 풀어놓은 풍경과 이와 관련한 모든 스토리의 주인이 됐다.

나옹화상과 이색의
이루지 못한 만남

:

여주 강월헌江月軒

여강驪江은 경기도 여주시를 관통하는 강이다. 강원도 원주에서 흘러나오는 남한강이 양평과 인접한 금사면을 빠져 나갈 때까지 도시를 남북으로 가르며 흐른다. 여강은 여주를 곡창지대로 만들고 풍부한 물산을 선사했다. 쌀 맛이 뛰어나 조선의 왕들은 여주나 이천에서 나는 쌀을 즐겨 먹었다. 아름다운 풍광 덕에 수많은 시인 묵객을 불러들였는데 목은牧隱 이색李穡(1328~1396)은 「금사팔영金沙八詠」을, 사가정四佳亭 서거정徐居正은 「여주팔영麗州八詠」을 지어 선비들의 시심을 자극했다.

봉미산은 해발 856미터로 용문산(1157미터)의 북쪽 능선과도 이어져 있다. 말 그대로 봉황의 꼬리와 닮았다. 봉황의 꼬리 끝에 신륵사神勒寺가 있다. 신륵사는 신라 진평왕 때 원효대사가 창건한 절이라고 한다. 봉미산 끝자락에 자리 잡아 여강을 굽어보고 있다. 절 안에는 조선시대 조포나루터 기념비가 있다. 강과 맞붙어 있는 유일한 사찰이다. 때문에 조선시대에는 시인 묵객이 즐겨 찾는 경승이었다. 김수온金守溫은 "여주는 국토의 상류에 위치하여 산이 맑고 물이 아름다워 낙토라 불리는데, 신륵사가 이 형승의 복판에 있다"고 말했다. 서거정은 「여주팔영」에서

강월헌 앞 여강은 관광지로 조성돼 각종 수상 스포츠를 즐길 수 있다.

신륵사를 '벽사甓寺'로 소개하고 있다. 신륵사에는 다층 모전석탑이 있는데 그래서 벽돌로 만든 탑이 있는 절, 벽사로 부르기도 했다. 조선 초에는 세종대왕 영릉의 원찰로 삼았기 때문에 '보은사報恩寺'라고 부르기도 했다.

신륵사 절 이름과 관련해 전해오는 이야기가 있다. '신기한 미륵이 신기한 굴레勒로 용마를 다스렸다'는 데서 비롯됐다. 여강은 물길이 사나워 곧잘 범람했다. 큰비가 오면 강물은 모든 것을 쓸어갔다. 거센 물결은 '용마龍馬'라고 했다. "미륵이 또는 혜근(나옹화상)이 신기한 굴레로 용마를 막았다"는 설과 "고려 고종 때 건너 마을에서 용마가 나타나, 걷잡을 수 없이 사나우므로 사람들이 붙잡을 수 없었는데, 이때 인당대사

印塘大師가 나서서 고삐를 잡자 말이 순해졌다. 신력神力으로 말을 제압했다 하여 절 이름을 신륵사라고 했다"는 설이 있다. 우리나라에서 유일하게 강을 끼고 있는 사찰, 신륵사는 거센 물길을 잡기 위해 창건됐다는 것이다.

> 긴 강물은 비단 필을 쏟아내는 듯하고 長江瀉疋練
> 한 가닥 오솔길 푸른 강을 따라 났네 一徑緣江淵
> 내가 예전에 벽사를 찾아가 보니 我昔訪甓寺
> 그 경계가 깨끗해 속세 같지 않았네 界淨非人間
> 보제(나옹화상)의 영정 앞에 향을 사르는데 爇香普濟眞
> 세월 앞에 펼쳐진 구름은 오래 한가롭구나 歲月雲長閑
> 백련사를 결성하기도 전에 未結白蓮社
> 먼저 영취산에 당도했네 先到靈鷲山
> 목은 이색 노인이 생각난다 懷我李牧老
> 오래된 묘갈에 이끼가 얼룩졌구려 古碣苔斑斑

_서거정, 「벽사」

신륵사는 고려 왕사 나옹화상懶翁和尙(1320~1376)이 입적한 곳이다. 서거정의 시에 나오는 보제는 나옹화상이다. 신륵사를 찾아 나옹화상 영정 앞에 향을 피웠다는 얘기다. 나옹화상은 무학대사의 스승이다. 나옹화상이 신륵사에 입적하게 된 이유는 높은 대중적 인기 때문이었다. 나옹은 공민왕과 우왕의 왕사였는데 양주 회암사에서 문수회를 베풀

강월헌과 신륵사 삼층석탑.
강월헌은 나옹화상의 다비 장소이며 석탑 자리는 나옹화상이 입적한 곳이다.

었다. 중앙과 지방의 남녀노소, 귀한 사람 천한 사람 가릴 것 없이 구름 같이 몰려 비단과 과실, 떡을 보시했다. 하늘을 찌르는 인기는 우왕과 우왕을 둘러싼 집권세력에게 위협이 됐다. 문수회를 벌이는 과정에서 과도한 토목공사를 해 민폐를 초래했다며 나옹을 탄핵했다. 나옹은 밀성군(현재의 밀양) 영원사로 내쳐졌다. 쫓겨나는 나옹을 보면서 백성이 통곡했다. 나옹은 길에서 병을 얻었다. 한강에 이르자 병세가 심해졌다. 이레 동안 배를 타고 신륵사에 도착했으나 열반했다. 세속 나이 57세.

신륵사 끝, 여강과 맞닿은 곳에 강월헌이 있다. 강월헌은 나옹이 입

강월헌은 봉미산 끝자락과 여강의 조포나루가 맞닿는 곳에 있다.

적해 다비를 한 장소다. 그 자리를 기념하기 위해 정자를 세웠다. 정자 이름 강월은 나옹의 호다. 스님을 기념하여 누각을 짓는 일이란 흔치 않다. 본래의 누각은 나옹의 다비를 기념하여 세운 3층 석탑과 거의 붙어 있었으나 1972년 홍수로 옛 건물이 떠내려가자 1974년 석탑보다 조금 더 아래쪽에 철근과 콘크리트를 사용하여 6각형으로 다시 지었다. 나옹은 죽으면서 "와도 온 곳이 없으니 달그림자가 천강에 비친 것과 같고 가도 가는 곳이 없으니 맑은 하늘의 모습이 찰나에 바뀌는 것과 같다"는 말을 남겼다. 세종대왕이 지은 「월인천강지곡月印千江之曲」은 나옹에게서 가져왔는지 모를 일이다. 달은 부처이고 강은 중생이다.

강월헌은 거대한 암반 위에 세워졌는데 이 암반을 동대라고 한다. 동대에서 얼마 떨어지지 않은 절 안에 조포나루터가 있다. 마포나루, 광나루, 이포나루와 함께 남한강의 교통 요충지였다. 유람을 떠난 사대부들은 조포나루에 배를 대고 동대에 오르거나 동대에 배를 바로 대고 강월헌에 오르기도 했다. 달 밝은 밤이면 동대에 올라 여강에 비친 달을 보며 시를 짓고 풍류를 즐기는 것을 요즘 사람들 좋은 골프장에서 골프치고 자랑하는 것처럼 생각했다. 이색이 시를 썼고 권근權近 또한 이곳을 찾아 시를 남겼다. 이식, 김창협, 정두경 외에 다산茶山 정약용丁若鏞도 동대에 올라와 시를 썼다.

밤에 홀로 동대 탑에 올라 獨夜東臺塔
오사모 쓰고 멀리 보며 서 있노라니 烏紗立迥然
소나무에서 바람이 속삭이듯 불고 松虛風淅淅

고요한 강에 달빛 유난히 밝네 江靜月娟娟

남은 길 무슨 대책이 있다던가 末路無長策

뜬 인생 이미 늘그막인걸 浮生已晚年

조각배 여기 댄 것은 扁舟有歇泊

구름과 안개가 좋아서가 아니라네 不是愛雲煙

_정약용, 「밤에 신륵사 앞에 배를 대고 동대에 올라 夜泊神勒寺登東臺」

나옹화상은 1320년 영덕군 창수면 불암골에서 태어났다. 이름은 혜근, 성은 아牙씨다. 선관서령 벼슬을 지낸 아서구의 아들이다. 나옹이 태어난 불암골은 까치소라고도 한다. 지명과 관련해서 전해오는 이야기가 있다.

집이 가난해 세금을 내지 못했던 모양이다. 관리가 나옹의 어머니를 묶어서 관가가 있는 영해로 데려오는데 못가에서 해산을 하게 됐다. 관리는 사정을 봐주지 않고 낳은 아이를 버려두고 영해부로 데려왔다. 부사가 피 묻은 치마를 보고 놀라 즉시 풀어주었다. 어머니가 아이 낳은 자리로 돌아와 보니 까마귀와 까치가 날개를 펼쳐 덮어 아이를 보호하고 있었다. 그 아이가 나옹이다. 그런 연유로 그 자리를 까치소라 했다.

나옹은 스무 살에 출가한 뒤 회암사에서 수행을 거듭하다 원나라에 유학을 가 지공 스님의 문하가 됐다. 고국에 돌아온 뒤 공민왕의 신임을 받아 왕사가 됐다. 그는 불교를 대중화하기 위해 300수의 게송을 남겼는데 오늘날 우리 가슴을 울리는 명시 「청산은 나를 보고」도 그중 하나다.

청산은 나를 보고 말없이 살라 하고
창공은 나를 보고 티 없이 살라 하네
사랑도 벗어놓고 미움도 벗어놓고
물 같이 바람 같이 살다가 가라하네

_나옹화상, 「청산은 나를 보고」

나옹화상이 죽자 이색은 그에 관한 글을 지어 신륵사 사리 석종에 새긴다. "강월헌은 보제(나옹)가 머물던 곳인데, 그의 몸은 이미 불에 타 없어졌다. 그러나 강물과 달빛은 예전과 같다. 지금 신륵사는 장강에 임해 있고 석종은 높이 솟아 있다. 달이 뜨면 그 그림자가 강에 기울어져 잠기게 되고 하늘빛과 물색, 등불과 향불 연기의 그림자가 그 속에서 뒤섞여 사라지리니 강월헌은 몇 천 년이 지나더라도 보제가 살아 있을 때와 같은 것이다.

_이색, 「여강현 신륵사 보제 사리석종기」 중

강월헌에서 이색과 나옹의 인연을 생각한다. 이색은 영덕 영해에서 태어났다. 외가가 양반마을로 이름난 괴시마을이다. 이색은 외가에 대한 그리움이 많았는데 어릴 적 영해에서 자라던 추억을 시로 남겼다. 나이 들어서 영해를 찾아와 어릴 적 놀던 관어대觀魚臺를 둘러보고 「관어대소부觀魚臺小賦」라는 긴 글을 짓기도 했다. 나옹화상은 이색의 아버지 가정 이곡과 상당한 친분을 유지했다. 상주시 은척면 무릉리에 '나옹정'이라는 느티나무 두 그루가 있는데 이곡과 나옹이 심은 것이라고

나옹화상이 600년 전에 심었다는 은행나무.

한다. 두 사람이 일대의 산수를 사랑해 자주 왕래하면서 나무를 심었다고 한다.

나옹과 이색은 원나라 유학을 다녀오는가 하면 공민왕과의 돈독한 친분을 가지며 고려시대의 엘리트로 촉망을 받았다. 두 사람 모두 영덕과 깊은 인연이 있었으나 생전에 교류는 없었던 것으로 보인다. 나옹의 명성이 하늘을 찌를 때에도 이색은 나옹을 찾지 않았다. 나옹이 입적했을 때도 왕명에 따라 사리석종기를 썼을 뿐 별다른 액션을 취하지는 않았다. '길이 다르면 서로 꾀하지 않는다'는 공자의 가르침에 따랐던 것일까. 불가와 유가는 확연히 다른 길이었으므로.

나옹은 여강이 그림처럼 펼쳐지는 강월헌에서 세상을 떠났다. 나옹의 사리석종기를 쓴 이색은 강월헌에서 멀지 않은 연자탄, 제비여울에서 뱃놀이를 하다가 태조가 보낸 독배를 마시고 배 안에서 생을 마감했다. 나옹이 죽은 지 20년 뒤다. 태어난 곳도 영덕이고 죽은 곳도 여주 여강이다.

기묘사화 피해
은거하던
6인의 선비
:

이천 육괴정六槐亭

경기도 이천시 백사면의 봄은 산수유와 함께 온다. 원적산 꼭대기에서 봄바람이 스멀스멀 내려오고 도립리, 송말리, 경사리 일대에 군락하는 1만7000여 그루의 산수유나무가 일제히 황금빛 꽃을 피워 올리면 바야흐로 봄 같은 봄을 맞는다. 백사면의 봄 풍경을 산언덕 위에서 내려다보면 구불구불 구절양장으로 꼬리를 물고 이어지는 산수유 노란꽃 행렬이 그렇게 장관일 수 없다. 어린 나무에서부터 수백 년 된 고목도 있다. 이천시는 2000년부터 '이천 백사 산수유축제'를 열고 있는데 약 20만 명의 관광객이 장사진을 이루며 산수유 꽃을 보러 온다고 한다.

백사면 산수유는 역사가 유구하다. 기묘사화(1519) 때 느티나무와 함께 심어졌다. 기묘사화가 일어나 급진적 개혁정치를 펼치던 조광조가 죽고 신진 사림이 대거 숙청당했다. 조광조를 지지했던 관료나 선비들은 죽거나 귀양을 갔다. 화를 면한 사람들은 사화를 피해 낙향했다. 남당南塘 엄용순嚴用順은 이때 아버지 엄훈嚴訓의 묘가 있는 이천 백사면 도립리로 낙향해 은거에 들어갔다. 엄용순 집안의 운명이 참 기구하다. 엄용순의 아버지 엄훈은 선공감 부정을 지내다 연산군 때 갑자사화에 얽

육괴정 전경.
육괴정은 정자라기보다는 사당 형태로 지어졌다.

였다. 아버지 엄산수嚴山壽와 함께 이천으로 귀양을 왔다가 도립리에서 생을 마쳤다.

엄씨 가문이 갑자사화에 연루된 배경은 이렇다. 엄훈의 누이 엄씨는 성종의 귀인이었는데 연산군이 왕위에 오르자 임사홍이 연산군의 친어머니인 폐비 윤씨를 모함한 인물로 엄씨를 지목했다. 엄씨는 장살 당하고 엄귀인의 아버지 엄산수는 큰아들 엄훈과 함께 경기도 이천에, 엄회嚴晦는 양천에 각각 유배됐다. 엄계는 경상도 현풍현이 유배지로 결정됐다. 엄계는 현풍현 수문동(현 대구광역시 달성군 현풍면 성하리)의 낙동강가에 공신정拱辰亭을 짓고 살았다. 연산군 말기인 1506년(연산군 12) 아버지 엄산수와 엄회가 유배지에서 사사되고 살아남은 엄훈과 엄계 후손들은 경기도 이천과 대구 현풍에서 각각 세거했다.

엄용순은 도립리에 들어오자 초당을 짓고 역시 기묘사화의 화를 피해 이천에 내려와 있던 모재慕齋 김안국金安國(1478~1543), 규정葵亭 강은姜㶏(1487~1552), 계산溪山 오경吳慶(1490~1558), 퇴휴退休 임내신任鼐臣(1512~1588), 성담령成聃齡(?~1523) 등 다섯 사람과 함께 시회를 열고 학문을 강론하며 우의를 다졌다. 그때 여섯 사람이 정자 앞에 못을 파서 연꽃을 심고 각각 느티나무 한 그루씩 여섯 그루를 심은 뒤 초당 이름을 육괴정이라 했다. 여섯 선비를 '괴정육현槐亭六賢'이라 불렀다. 그때 산수유도 함께 심었으니 도립리 산수유가 전국의 내로라하는 산수유 마을 중에서도 가장 근본 있는 산수유인 셈이다.

육괴정 앞 공터에는 도립리로 들어오는 시내버스 종점 정류장이 있고 공터 가운데에는 수령 570년 된 느티나무가 있다. 육괴 중 한 그루다. 느티나무는 시내버스가 마을을 돌아나가는 로터리 역할을 하고 있다. 마치 분재를 한 듯 기이하고 기품 있게 자랐다. 느티나무 옆에는 엄용순이 자신의 호를 따 지은 연못, 남당이 있다. 연꽃을 심었다는 못은 메워져 규모가 볼품없이 작아졌고 물은 말라 잡초만 무성하다. 여섯 그루 느티나무 중 세 그루는 고사해 새로 심었고 세 그루는 570년 세월 동안 육괴정을 지키고 있다. 웅혼한 기상이 느껴진다.

육괴의 '괴槐'는 회화나무를 말하는데 느티나무로도 해석한다. 옛 어른들은 회화나무를 잡귀를 막아주는 나무로 인식했다. '목木'자에 '귀鬼'자가 붙은 이유다. 느티나무는 정자나무라고도 하고 의병을 불러 모으는 나무라고도 한다. 나무가 크고 나무가 만드는 그늘이 넓고 시원해 여름이면 마을 사람들이 모여 들어 마을의 공동 관심사를 논의하는 정자 노릇을 하기 때문이다. 또 외적이 침입해오면 나무 밑에 징과 북을 걸어 사람들 불러 모았다고 해서 의병나무라고도 한다. 오래된 느티나무는 마을을 지키는 당산목 역할을 했다. 마을 사람들은 매년 이 나무 아래서 당산제를 지내는데 '나무木'에 '귀신鬼'이 더해진 이유로 합당하지 않은가.

'괴槐'는 큰 일을 할 사람, 위대한 학자의 의미도 있다. 중국 주나라에서는 태사, 태부, 태보 등 삼공三公을 '삼괴'라고 했다. 경주 강동면 삼괴정은 임진왜란 때 큰 공을 세운 이방린, 이유린, 이광린 형제를 추모하기 위해 세운 정자이고 성주군 초전면 고산리 백세각 앞의 세 그루 느티나무는 그런 뜻으로 심었다.

육괴정 육현 중에서 명망 높은 인물은 김안국이다. 김안국은 당대의

육괴정 앞 수령 570년의 느티나무.
시내버스 종점에서 로터리 역할을 한다.

명현이었다. 김굉필의 제자로 정몽주, 길재, 김숙자, 김종직, 김굉필로 이어지는 조선 성리학의 정통 계승자였다. 조광조, 기준 등과 함께 사림파의 도학 정치를 주도했다. 기묘사화 때 동생 김정국과 함께 파직 당하고 겨우 죽음을 면했다. 그는 도학 정치를 조선 사회가 도달해야 할 이상으로 생각하는 점에서 조광조와 다르지 않았다. 그러나 실천 방법론에 있어서는 생각이 달랐다. 급진적 개혁을 주장하는 조광조와 달리 김안국은 온건했다. 조광조의 급진성에 회의를 느낀 김안국은 중앙 부처를 피해 경상도관찰사, 전라도관찰사로 외직을 돌았다. 그 덕에 사화의 피바람 속에서 목숨을 건졌다.

파직을 당한 그는 곧바로 고향 이천으로 낙향해 부발읍에 은일정과 동고정을 짓고 후학을 가르치며 은거에 들어갔다. 육괴정에서 시회를 열고 시국을 토론한 것은 이때다. 김안국은 파직 후 19년을 이천에서 은거하다가 예조판서, 우찬성 겸 문형 좌찬성에 올랐다. 죽어서는 인종의 묘정에 배향됐으며 여주 기천서원과 이천 설봉서원, 의성 빙계서원에 제향됐다. 중종 시절 관료였던 그가 인종의 묘정에 배향된 것은 인종의 동궁 시절 스승이었기 때문이다.

경국지색의 용모와 솜씨도 뛰어난데 容謝尚存傾國手
슬픈 거문고로 밤 깊은 노래하네 哀絃彈出夜深詞
소리마다 인생의 황혼 원망하는 듯한데 聲聲似怨年華暮
네 뜬 인생과 늙어감을 어이하랴 奈爾浮生與老期
　　　　_김안국, 「노기 상림춘의 거문고에 느낀 바 있어聽老技上林春彈琴有感」

상림춘은 조선에서 제일가는 거문고 명수인데다 얼굴마저 절색이어서 한때는 연산군의 총애를 받았다. 대사헌을 지낸 신종호와 당대의 명문장 정사룡 같은 이는 그녀를 위해 칠언절구까지 지었다고 한다.

이천에 엎드려 있던 김안국은 젊었을 때 빼어난 용모로 고관대작의 사랑과 연모를 받다가 늙어서 불우한 처지에 있는 기생 상림춘에 자신의 처지를 대입시켰는지 모를 일이다. 그 세월이 19년이다.

괴정 육현 중 강은은 조광조가 신진 사림을 관료로 발탁하기 위해 만든 현량과에 급제해 검열의 벼슬에 올랐으나 기묘사화 이후 현량과

기묘사화가 나자 엄용순이 짓고 김안국 등 6명의 명현이 여기 모여 시회를 열고 시국을 토론했다.

합격자를 파방하면서 이천으로 낙향했다. 그는 현량과가 복구돼 전적에 임명했으나 부임하지 않고 이천에 머물면서 김안국 등과 학문을 강론했다. 오경은 막내 동생 오상과 함께 김안국의 문하에서 공부했다. 학문과 자질이 뛰어나 김안국의 제자 중에서도 촉망받는 인물이었다. 처음부터 벼슬에 뜻을 두지 않아 성균관 진사시에 합격했으나 합격 소식을 들은 이튿날 고향 이천으로 내려와 은거했다. 동생 오상은 판서까지 지냈다. 임내신은 퇴계 이황의 제자다. 수찬 장령을 지냈으며『중종실록』편찬에도 참여했다. 강원도관찰사를 거쳐 좌승지에까지 올랐다. 벼슬에서 물러나서 고향 이천으로 돌아왔다. 성담령은 단종 때의 충신

육괴정 앞 남당.
엄용순이 자신의 호를 따 이름하고 연꽃을 심었다고 하나 지금은 물이 말랐다.

인 성희의 아들이다.

정자는 사당 형태로 건축됐다. 팔작지붕에 한식 골기와를 얹은 본당과 담장, 대문으로 돼 있다. 본당은 가운데 한 칸을 마루로 두고 좌우 양쪽에 방을 한 칸씩 마련했다. 본당 안에는 엄용순의 손자인 엄유윤의 충신정문과 「남당엄선생육괴정서」 「육괴정 중수기」 등 현판이 걸려 있다. 엄유윤은 임진왜란이 일어나자 백의서생으로 의병을 이끌고 세종대왕 영릉을 호위하며 적과 싸웠다. 화살이 떨어지자 여주 강에 몸을 던져 순국했다. 고종 때 이조참의에 증직되면서 정려문이 내려져 육괴정에 걸려 있다.

단종 유배지
마주하고
초막살이 한 절개
:

제천 관란정觀瀾亭

●

관란정은 충북 제천시 송학면 장곡리 평창강 절벽 위에 있다. 제천에서는 평창강을 서강이라 부르고 절벽 일대를 사내평이라고 한다. 관란정이 있는 절벽은 강원도 영월군 한반도면 선암마을과 경계를 이루고 있는데 한반도 지형이 한눈에 들어오는 경승지다. 영월의 한반도 지형을 제천에서 볼 수 있다는 사실에 놀랐다. 제천시는 시내 곳곳에 한반도 지형 이정표를 붙여 놓고 관광 홍보에 열을 올리고 있었다. 한반도 지형을 놓고 영월과 제천이 힘겨루기를 하고 있는 형국이다. 영월은 단종의 유배지이고 제천은 단종을 그리며 단종의 유배지가 보이는 곳에 원호가 초막을 짓고 살았던 곳이다.

관란정으로 가는 길은 숨이 차다. 정자가 나지막한 산꼭대기에 있기 때문이다. 관란정은 산을 오르는 사람에게는 산꼭대기를 보여주고 강쪽으로 내려가려는 사람에게는 낭떠러지를 드러낸다. 강에서 보면 절벽이 막아서 있고 산에서 보면 낭떠러지가 길을 끊어놓은 지점에 정자가 있다. 정자 아래는 평창을 거쳐 영월로 흘러드는 서강 물결이 한눈에 들어오고 강 건너 한반도 지형을 닮은 영월군 한반도면이 발 아래 펼쳐

관란정에서 본 한반도 지형.

진다. 정자 옆에는 관란(觀瀾) 원호(元昊)(1396~1463)의 유허비와 '탄세사(嘆世詞)' 시비 등이 세워져 있다. 탄세사는 단종이 영월로 유배를 당하자 원호가 세상을 탄식하며 지은 시다 "동쪽 산마루를 보니 / 솔잎이 푸르러라 / 캐다 찧으면 / 고픈 배를 채우겠지 / 아득히 하늘 한쪽 바라보매 / 오색 구름 궁궐 생각에 마음이 어둡구나 / 아아, 백이 숙제여 아득해 짝할 이 없구나."(「탄세사」 중)

관란정은 생육신의 한 사람인 원호의 호를 따 후학들이 1845년(헌종 11)에 세운 정자다. 앞면 2칸, 옆면 2칸 규모의 팔작지붕에 기와를 얹었다. 좌향은 앞뒤 정면을 피해 동향으로 했으며 현판은 정자 가운데에 걸지 않고 측면 2칸 중 북쪽 칸에 치우치게 걸었다. 1941년에 개축했다가 1970년과 1987년에 다시 고쳤다. 정자를 세우면서 유허비(遺墟碑)도 함께 세웠는데 비문은 영·정조 때 대학자인 이계(李溪) 홍양호(洪良浩)(1724~1802)가 찬했다. 일반적인 비문과 달리 붉은색 글씨로 새긴 점이 특징이다.

비문은 죽지 않고 살아서 끝까지 의리를 지킨 원호에 대해 이렇게 적고 있다. "환란을 만나더라도 평소 모습대로 행동하며 반듯함을 잃지 않는 사람이라면 죽음을 받아들일 줄 안다. 죽어야 할 때 죽는다면 마음은 편안하고 덕도 온전해지는 법, 세상에서 태산보다 무거운 것이 있다고 한다. 형세상 반드시 죽어야 하지만 땅의 형편상 꼭 죽지 않아도 되는 경우가 있고 살려고 애쓴다고 해서 나의 인간 됨됨이를 훼손하지 않지만 살기가 죽기보다 어려운 경우도 있다. 삶과 죽음이 비록 길이 달라도 끝내 가는 길이 같다. 요컨대 의리가 있는 곳을 살펴서 올바르게 살거나 죽어야 한다."

'관란'은 『맹자』「진심 상」의 "관수유술 필관기란觀水有術 必觀其瀾"에서 따왔다. 물을 바라보는 데는 방법이 있으니, 반드시 그 물결치는 지점을 봐야 한다는 뜻이다. 경북 경산군에는 '관란서원觀瀾書院'이 있다. 조선 중기 이승증李承曾의 시문집이 『관란문집觀瀾文集』이고 조선 후기 고회高晦 의 문집이 『관란재유고觀瀾齋遺稿』다. '관란정觀瀾亭'이라는 이름은 제천 말 고도 여럿 있다. 옛 어른들은 물결을 보며 세상사 곡절, 인생의 고비와 위기, 기회를 고심했다. 지금 고요하게 흐르는 물결이 언제 파란을 일으 킬지를 걱정했으며 먹구름 낀 하늘을 보며 다가올 격동의 시간을 짐작 했을 것이다. 어떤 이는 물결을 보며 명철보신을 마음에 담았고 다른 이 는 격동의 세파 속에 자신을 던져 정의를 지키려 했을 것이다. 원호의 경우 '관란'은 부당한 방법으로 왕위를 차지한 불의의 세력 앞에 자신의 소신을 지키는 신념이었을 것이다. 원호는 세조가 내린 호조참의 벼슬 을 거부했다.

원호는 관란정이 있는 자리에 초막을 짓고 영월유배지에 있는 단종 을 그리며 눈물로 한숨을 지었다. 매월당 김시습, 여촌 최덕지처럼 세조 의 왕위 찬탈을 비난하며 슬픈 나날을 보내던 그였다. 성삼문 등 사육 신이 단종 복위 운동을 하다가 죽음을 당하고 단종은 노산군으로 강 봉돼 영월 청령포로 귀양을 갔다. 원호는 청령포가 발아래 아득하게 보 이는 제천 사내평 산꼭대기에 자리를 잡았다. 아침저녁으로 단종이 있 는 동쪽을 보고 절하고 잠을 잘 때도 머리를 동쪽으로 두고 잤다. 그 는 이곳에서 직접 채소 농사를 지었다. 나뭇잎에 글을 적어 채소와 글

관란정은 생육신이 관란 원호의 충절을 기려 세운 정자다.
원호는 이곳에서 단종이 유배살이를 하는 영월을 바라보며
눈물로 시를 쓰며 단종의 복위를 소망했다.

을 커다란 함지박에 담아 강물에 띄워 보냈다. 함지박은 굽이치는 물결을 따라 단종이 자주 오르내리던 노산대에 닿았다. 단종은 원호가 보낸 음식과 글을 받은 뒤 빈 함지박을 보내왔다고 한다. 그때 그는 단종을 생각하며 여러 편의 시를 썼다.

> 간밤에 우던 여울, 슬피 울어 지나가다
> 이제와 생각하니, 님이 울어 보내도다
> 저 물이 거슬러 흐르고저, 나도 울어 보내도다
>
> _원호, 「연군가戀君歌」

단종이 죽자 그는 영월 수주면 무릉리 백덕산 아래 토실에서 3년 상을 치른 뒤 고향 원주로 돌아와 은거하며 산다. 불행은 끝나지 않았다. 그의 손자 원숙강元叔康이 민수사옥에 연루돼 죽임을 당했다. 원숙강은 『세조실록』 편찬 당시 사초에 작성자의 이름을 쓰게 되면 사초 작성의 공정함을 기할 수 없다고 반대했으나 받아들여지지 않았다. 원숙강은 사초에 대신들의 비위관계 기록을 썼는데 이 사실이 밝혀질 것이 두려웠다. 몰래 사초 내용을 수정했다가 발각돼 장을 맞고 죽었다. 충격에 휩싸인 원호는 자신이 쓴 모든 글과 상소문 등을 모아 불태우고 후손들에게 벼슬을 하지 말도록 일렀다.

> 강물도 한스러워 목메어 못 흐르고
> 갈대꽃 단풍잎엔 찬바람 불어오네

알겠노라 여기는 장사 지낸 언덕인데
임의 혼령 어디 갔나 달빛만 밝게 비추네

원호가 죽은 뒤 90년쯤 지나 탁영濯纓 김일손金馹孫이 관란정을 찾았다. 김일손은 김종직의 「조의제문」을 사초에 올렸다가 '무오사화'의 단초를 제공했던 인물이다. 그는 능지처참 당했고 정여창은 귀양을, 그의 스승 김종직은 부관참시를 당했다. 성균관에서 공부하던 18세의 피 끓는 청년 김일손은 원호의 「탄세사」에 답하는 시를 썼다.

한강물은 흘러 흘러가고 漢之水兮演演
솟아오른 산은 푸르고 푸르러라 越之山兮蒼蒼
어디선가 들려오는 두견새 울음소리 鵑哭兮一聲
이 사람의 애간장을 끊어놓네 愁人兮斷腸
서리가 대지를 덮으니 울창한 숲 빛깔이 변하고 霜滿地兮喬林變色
구름이 하늘을 가리니 훤한 햇빛이 없어지네 雲遮天兮白日無光
풍채가 장대한 사람이 若有人兮頎然
양지 바른 산에 홀로 서 있구나 表獨立兮山之陽
당신은 이제 떠나 목숨을 버려도 후회하지 않으리 嗟君一去沒身而不悔兮
아아 나 또한 따르려고 하며 기웃거리네 我欲從之而徜徉
　　　　　　_김일손, 「삼가 무항(원호)의 탄세사를 받들다」

정조에 이르러 후손 원경적이 원호에게 시호를 내려줄 것을 청했다.

1784년 왕이 이조판서를 증직하고 정간貞簡이라는 시호를 내렸다. "청렴 결백하고 절의를 지키는 일은 정貞이라 하고 정직하고 사악함이 없는 것 을 간簡이라 한다"고 했다. 원호의 선비정신을 높이고 기림으로써 후세 사람들에게 좋은 본보기가 되도록 하라는 뜻이었다.

누명 쓰고
죽은 자의 넋을
기리다

:

포천 금수정金水亭

●

경기도 포천시는 내川를 안고抱 있는 도시다. 들어오는 물은 없고 나가
는 물만 있는, 물을 품고 있다가 내주는 지역이다. 물의 시작은 국사봉
과 자등현, 광덕현에서다. 국사봉은 산내천에, 자등현과 광덕현은 영평
천에 품었던 물을 내준다. 산채천과 영평천은 합류해 연천군 신답리 아
우라지 나루터에서 한탄강으로 흘러들기까지 풍성한 수량으로 곳곳에
절경을 빚어냈다.

　산내천과 영평천이 빚어낸 수려한 경관이 '영평 8경'이다. 영평 8경
은 백로주, 선유담, 와룡암, 창옥병, 청학동, 금수정, 낙귀정지, 화적
연 등이다. 우거진 숲, 맑은 물, 기암괴석, 병풍 같이 우뚝한 절벽을 찾
아 시인묵객의 발길이 끊이지 않았다. 미수 허목, 농암農巖 김창협金昌協
(1651~1708) 보만재保晚齋 서명응徐命膺(1716~1787) 같은 이들이 이곳을
찾아와 시를 읊곤 했다.

　특히 선조 때 영의정을 14년이나 지낸 박순朴淳(1523~1589)은 은퇴 후
아예 영평 8경의 하나인 창옥병 절벽 위에 집을 짓고 살다가 생을 마쳤
다. 그의 행장에는 "선조 19년(1586) 가을, 휴가를 받아 영평의 초정에

금수정은 고려 말의 학자 김구용과 조선 명필 양사언의 흔적이 있는 경승지다.

목욕하러 갔다. 이때 영평현의 백운계에 배견와拜鵑窩와 이양정二養亭을 짓고, 백운계·청령담·토운상·창옥병·산금대·청학대·백학대 등의 명호를 제題하였다"는 기록이 남아 있다. 현재까지 전해오는 영평 8경 중 일부는 박순의 제명을 받아들인 것이다.

영평 8경 중 2경이 '금수정'이다. 금수정이 세워진 절벽 위에서 내려다보는 영평천이 일경이다. 강은 북쪽에서 동남쪽으로 굽어져 내리다가 금수정 앞에서 동쪽으로 흘러 내려가 한탄강과 합류한다. 정자 아래에는 전복을 엎어 놓은 듯한 하얀 바위들이 햇빛에 반사돼 눈부시다. 금수정은 본래 고려 말기 학자 척약재惕若齋 김구용金九容(1338~1384)의 소요처다. 그의 호 '척약재'는 백문보白文寶(1303~1374)가 김구용의 서재에 써준 '척약재설'에서 따서 지었다. '척약'은 '걱정하고 두려워하다'라는 뜻으로『주역』에 나온다. 김구용은 16세에 진사, 18세에 문과에 급제했다. 백문보는 소년 급제한 김구용이 자만하지 말고 매사에 신중하고 조심하라며 경계의 글을 써줬다.

김구용은 고려 말의 스타급 대학자와 친분이 두터웠다. 그가 호를 척약재로 정하자 이색李穡, 정몽주鄭夢周, 정도전鄭道傳 등이 한마디씩 거들었다. "범의 꼬리를 밟은 듯 살얼음을 건너듯이 정밀하게 살피시게"(이색), "마음 혹여 놓으면 실타래처럼 엉키리니 반드시 일삼아서 종일토록 애쓰오"(정도전), "저 물도 밤낮을 쉬지 않고 넘실넘실 흐르는데 그대 마음 흔들리면 혈맥은 막히리"(정몽주)라고 매사 조심하라는 뜻을 전했다.

그는 삼봉 정도전과 특별한 친분이 있었던 모양이다. 정도전에게 보낸 몇 편의 시가 보인다. 보주(예천의 옛 이름)에서 만나기로 했으나 만나

금수정 앞에서 본 영평천.

지 못하자 시를 써서 보냈다. "평원에서 한 번 이별한 후 / 함께 회포를 나누지 못한 지 오래이네 / 떠돌다보니 사람은 늙어 가는데 / 애쓰다보니 한 해가 바야흐로 다하네 / 화군에는 수많은 산이 둘러 있는데 / 구성에는 하나의 길이 통하네 / 양양은 이미 지났으니 / 어찌 마음속이 부끄럽지 않은가."(「안동에서 삼봉에게 답하다」)

그는 사장詞章을 잘했고 특히 시로 유명했는데 이색은 그의 시를 가리켜 "붓을 대면 구름이나 연기처럼 뭉게뭉게 시가 피어나온다"고 했다. 『동문선』에 그의 시 여덟 편이 수록되어 있을 정도다. 특히 무창시武昌詩

가 선비들 사이에서 유명한데 허균은 이 시를 들어 청섬淸贍하다 했고, 신위申緯도 「동인논시절구東人論詩絶句」에서 그의 시를 소개하며 감탄을 아끼지 않았다. 유고문집 『척약재선생학음집惕若齋先生學吟集』은 1400년에 아들 명리가 수집·편차하여 간행한 초간본으로, 보물 제1004호로 지정된 「조정 종가 문적趙靖宗家文籍」에 포함되어 있다.

김구용은 정몽주, 박상충, 이숭인 등과 더불어 성리학을 일으키고 불교를 배척하는 척불숭유의 선봉에 섰다. 그는 원나라를 밀어내고 중국을 장악하기 시작한 명나라와 친교를 하자는 친명파였다. 원나라 사신을 영접하는 일을 극구 반대하다가 6년 동안 유배살이를 하기도 했다. 그러나 명나라에 사신으로 갔다가 누명을 뒤집어쓰고 중국에서 병사했다. 원나라를 멀리하고 명나라와 친교하자던 그가 명나라에 사신으로 갔다가 누명을 쓰고 죽었으니 아이러니도 이런 아이러니가 없다. 1384년 명나라와 국교 수립을 위한 행례사로 가던 중 요동에서 백금 100냥과 세모시, 마포 각 50필을 지참했다는 누명을 쓰고 체포됐다. 그 후 명나라 태조 주원장의 명으로 대리위로 유배되던 중 영녕에서 병으로 사망했다. 그때 유배 가는 배에서 지은 시가 「범급帆急」이다. 금수정 앞뜰에 있는 시비 속의 시를 읽는 내내 마음이 짠했다.

돛단배 빨라 산이 달아나는 듯하다 帆急山如走
배가 가니 강 언덕 저절로 옮기는 듯하구나 舟行岸自移
지나는 고장마다 어딘지 묻고 異鄕頻問谷
좋은 경치 보면 시 욕심이 생긴다 佳處强題詩

오나라 초나라 천 년 된 땅인데 吳楚千年地

여기 산천은 5월이 가장 좋은 때라네 江湖五月時

가진 게 아무것도 없다고 미워 말게나 莫嫌無一物

맑은 바람 밝은 달이 따르고 있으니 風月也相隨

_김구용, 「빠르게 가는 돛단배帆急」

금수정의 본래 이름은 우두정牛頭亭이다. 김구용은 금수정이 있는 자리가 소의 머리를 닮았다고 말하곤 했는데 아들 명리가 은퇴 후 아버지의 말을 따라 정자를 짓고 '우두정牛頭亭'이라 이름했다. 세종 때다. 우두정을 금수정으로 바꾼 이는 안평대군, 김구, 한호와 함께 조선 4대 서예가로 불리는 봉래蓬萊 양사언楊士彦(1517~1584)이다. 양사언은 김구용의 5대손 금옹琴翁 김윤복金胤福의 사위다. 김윤복은 시와 거문고의 달인이었다. 김윤복에게 아들이 없어 자연스레 사위가 재산을 인수하게 됐는데 그때 정자도 따라왔다. 정자의 주인이 된 양사언은 안동 김씨의 '김金'과 정자가 있는 창수면의 '수水'를 따서 '금수정'이라 이름했다. 처가에서 정자를 얻다보니 어떤 형식으로든 처가 쪽 얼굴을 내고 싶었던 모양이다.

양사언은 정자 편액은 물론이고 정자 동북쪽 아래 절벽에 '금수정' 각자를 쓰고 금수정에서 내려다보이는 강 가운데 바위에도 '경도瓊島'라는 글씨를 새겼다. 정자 서쪽에 바위가 물가에서 솟아 있는데, 그 위가 움푹 패어 우묵한 술동이 모양을 이룬다. 그 바위에 양사언의 시가 새겨져 있다.

녹기금 소리 백아의 마음 綠綺琴伯牙心

한 번 연주하고 한 번 읊조리니 一鼓復一吟

종자기가 그 소리 아는구나 鍾子是知音

시원한 바람이 먼 산에서 일어날 제 冷冷虛籟起遙岑

달은 곱디곱고 강물은 깊도다 江月娟娟江水深

양사언이 썼던 편액은 한국전쟁 때 정자와 함께 불타 없어지고 현재의 편액은 정자 아래 바위에 새겨진 각자를 본떴다. 현재의 건물은 1989년 남아 있는 기단과 초석, 관계 문헌을 통해 복원했다. 건물 구조

금수정의 두 번째 주인인 양사언의 시비.

는 정면 2칸, 측면 2칸이며 겹처마 팔작지붕 형태다.

한음漢陰 이덕형李德馨(1561~1613)의 외숙부는 영의정을 지낸 유전柳㙉
이다. 이덕형은 14세 때 외숙부 유전의 포천 집에서 지내면서 양사언을
만났다. 양사언이 먼저 시를 쓰면 어린 이덕형이 시로 화답을 했다. 양
사언은 이덕형의 시를 보고 "그대는 내 맞수가 아니라 내 스승이다"라
고 했다는 말이 전할 정도다. 이덕형도 이곳을 찾아 시를 남겼다.

넓은 들에 저녁 빛 엷게 내리고 野闊暮光薄
맑은 물에 산 그림자 가득하네 水明山影多
녹음에 하얀 연기 일고 綠陰白煙起

정자 아래 양사언이 쓴 금수정 각자

풀 언덕에 집이 두세 채 芳草兩三家

_이덕형, 「영평우두연永平牛頭淵」

　금수정 내부에는 눈길을 끄는 현판이나 시판이 보이지 않는다. 그러나 금수정 앞마당에는 이곳이 김구용이 소요하던 곳이며 한때 양사언의 정자였음을 증명하기 위해 두 사람의 시비가 건립됐다. 양사언의 시비에는 그 유명한 시조 "태산이 높다하되 하늘 아래 뫼이로다 / 오르고 또 오르면 못 오를 리 없건마는 / 사람이 제 아니 오르고 뫼만 높다 하더라"가 새겨져 있다. 김구용의 시비는 앞에서 언급한 '범급'이다. 타국에 사신으로 갔다가 누명을 쓰고 유배를 떠나 절명한 그를 생각하니 마음이 짠하다. 단 한 번도 약자의 어두운 그늘에서 벗어나보지 못한 조국이 서럽다.

불의한 정치를 떠나
고향 땅을 밟다
:

경주 귀래정歸來亭

●

500년 전 쯤 일이다. 앞길이 구만리 같은 42세의 관리가 벼슬을 그만뒀다. 남자는 불의한 세력이 국정을 농단하는 꼴을 더 이상 볼 수 없다며 「귀향부歸鄕賦」를 쓴 뒤 고향으로 돌아왔다. 동진의 도연명이 다섯 말의 쌀 때문에 하찮은 녀석들에게 허리를 숙일 수 없다며 「귀거래사歸去來辭」를 쓰고 고향으로 돌아온 것과 같은 논리다.

"험악하고 어려운 세상 슬프기도 하여라. 우두커니 서서 장차 어디로 돌아갈 것인가. 서둘러 대궐이 있는 서울을 떠나리라고, 고향 산천 가리키며 기약을 하노라. 뭇 소인들의 참소질에 어쩌다 임금의 마음이 미혹되고 말았네. 이응과 두밀(후한의 당고 때 화를 당한 인물들)을 조문하고 저녁에 돌아오나니, 나라에 인재가 없는데 그 누가 알아주랴. 하인을 불러다 구종을 삼고서 송죽이 있는 옛 전원으로 다시 찾아가련다. 옛 성현의 귀감과 계훈을 읽으면서 하늘이 나에게 부여한 본성을 되찾으리라."

경주 귀래정 歸來亭

「귀향부」를 쓴 이는 지헌止軒 이철명李哲明(1477~1523)이다. 18세에 농암聾巖 이현보李賢輔(1467~1555)와 함께 진사시에 입격한 뒤 27세 되던 해에 문과에 급제해 승정원 정자, 홍문관 박사, 예조정랑, 지제교, 홍문관 검교를 지냈다. 기묘사화가 일어나 조광조와 김정, 김식 등이 투옥되자 홍문관 검교였던 이철명은 이들의 투옥이 부당하다며 상소를 올렸다. 상소는 받아들여지지 않았다. 대궐까지 찾아가 목소리를 높였으나 수문관에게 쫓겨났다. 그는 나라에 희망이 없다며 고향으로 돌아왔다.

그의 고향은 경주시 강동면 다산2리 천서마을이다. 천서마을은 양동마을 여강 이씨가 분가해온 천서 문중의 집성촌이다. 그는 회재 이언적보다 열네 살 많은 족형이다. 고향집에 돌아와 수분명守分銘을 짓고 평생 스스로를 경계하며 후학을 양성했다. 그의 호 '지헌止軒'은 '그칠 데를 알고 그칠 데에서 그친다'는 '지지지지知止止止'에서 가져온 게 아닌가 싶다.

선비의 도리는 출처지의出處之義에 있다. "도가 행해지지 않으면 그 몸을 머무르게 하지 않는다"고 했다. 공인으로 세상에 나아가서는 나라와 백성을 위해 힘쓰지만 세상이 자신의 이상을 받아주지 않으면 관직에서 물러나 처사의 삶을 살면서 대의와 명분을 지키는 것이다. 기용하면 힘써 행하고 쓰지 않으면 숨은 듯이 지내는 '용행사장用行舍藏'이며 '달즉겸선천하達卽兼善天下'요, '궁즉독선기선窮卽獨善其身'의 처신이다. 그런 마음이 「수분명」에 잘 드러나 있다.

"진실을 지키면 성실해지고 / 입을 지키면 말이 어눌해지는 법 (…) 욕

심을 따르면 위태로워지고 / 망녕 되게 움직이면 욕을 당하는 법 / 위
태로움은 곧 두려움이요 / 욕됨을 당하는 것이 더 없는 상처다 (…) 현
달함은 때가 있지만 궁색함도 운명이다 / 행할 일 이미 판단하여 알았
으니 / 감히 이 깨달음을 어찌 잊으랴 / 내가 이 내용을 써서 평생토록
경계하리라."

_이철명, 「수분명」

이철명은 효자였다. 혼탁한 벼슬살이에 마음이 어지러운 가운데서도
어머니 생각을 많이 했던 모양이다. 왕이 휴가를 주자 어머니를 만날
생각에 감정이 고조된다.

난초랑 잡초랑 분간 없이 서로 뒤섞인 채 掎蘭小草混無間
서쪽 행랑에 가을이 드니 나그네 꿈이 쓸쓸하구나 秋入西廂客夢寒
나라님의 은총이 너그러워 휴가를 내려주시니 廣洽天恩優賜暇
여가의 날들을 고스란히 어머님 위로하는 데 써야지 喜將餘日慰慈顏

_이철명, 「제목없음題決」

이철명은 고향에 내려와 천서가숙에서 글을 가르치다가 모친상을 당
해 시묘살이 하던 중 여묘에서 46세를 일기로 세상을 떠났다. 세상을
떠나기 전 만년에 들어 젊은 시절 성균관에서 함께 공부했던 고향 친구
유곡柳谷 손계돈孫季暾이 많이 그리웠던 모양이다. 손계돈은 우재愚齋 손
중돈孫仲暾의 아우이며 회재 이언적의 외삼촌이다. 손계돈은 김종직의

귀래정 전경.

문하에서 공부했고 조광조의 추천으로 현량과로 벼슬에 올랐으나 조광
조가 숙청되자 고향인 경주 양동으로 돌아와 이철명과 편지를 주고받
으며 우거하고 있었다. 이철명의 유고에 손계돈에게 보내는 시가 몇 편
있는데 「또 손계돈에게」라는 시에는 만년의 쓸쓸함이 뚝뚝 돋아난다.

가을이 드니 오리와 기러기 물가에 내려앉는데 秋來鳧鴈下洲前
편지를 쓴들 누구 편에 전하겠는가 爲與封書郡裏傳
조정에 드나들던 날은 수습을 잘도 하더니 出入偏安收拾日
궁핍한 만년의 삶에는 경륜이 어이 그리 모자라는가 經綸何短守窮年
연꽃잎 푸르른 성균관에서 일찍이 구경을 같이 할 제 靑蓮璧沼曾同賞
국화 노란 고향 땅에서 만년의 인연을 두었건만 黃菊鄕山晩有緣
늘그막이라 왕자유의 흥 돋우기 어려워 暮境誠難王子興
이제 와선 공연히 설천에 배를 묶어버렸네 至今空繫雪川船

_이철명, 「또 손계돈에게」

귀래정은 이철명이 타계한 뒤 그의 후손이 천서마을에 세운 정자다.
이철명이 도연명의 「귀거래사」에 의지하여 「귀향부」를 쓴 것과 마찬가
지로 후손들은 정자 이름을 「귀거래사」에서 따왔다. 후손 이대원은 정
기에서 "기미를 알아채는 것이 신도번과 같고 생각을 일으킴은 장계응
과 같고 돌아간다는 글월을 지으심은 도원량과 같다"고 썼다. 장계응은
'순갱노회蓴羹鱸膾'의 일화로 유명한 장한의 호다. 순갱노회는 장한이 자
기 고향의 명물인 순챗국(순채의 어린잎으로 끓인 국)과 농어회를 먹으려

문을 열고 들어서면 놀라운 광경이 펼쳐진다.

초록색으로 가득한 연당.

고 관직을 사퇴하고 고향으로 돌아갔다는 고사에서 유래한다. 도원량은 도원명을 말한다.

정자의 일각문을 열면 놀라운 광경이 펼쳐진다. 처음 눈에 들어오는 풍경은 연꽃을 심은 못, 연당이다. 연당의 물은 초록색 물감을 풀어놓은 듯 푸르다. 부평초가 연당 전체를 뒤덮었기 때문이다. 연당은 성곽의 해자처럼 정자 앞쪽을 'ㄴ'자 형태로 두르고 있다. 대문에서 정자까지는 구름다리가 놓였고 오랜 세월을 견뎌낸 향나무가 연못 쪽으로 누워 있다. 와향이다. 정자 앞 양쪽에는 수호신처럼 바위가 각각 자리를 잡았다. 재미있는 풍경은 또 있다. 동쪽 담과 북쪽 담이 만나는 모서리에 담을 뜯고 회화나무를 심은 것이다. 무릎을 쳤다. 아름다운 풍경에 화룡점정이다. 이언적이 독락당 계정 담벼락에 나무를 심은 것과는 또 다른 운치가 있다. 독락당에서는 담벼락 가운데서 나무가 나왔고 여기서는 담과 담이 교차하는 각지에 공간을 비우고 나무를 심었다.

육각형의 정자 안에는 정면에 '귀래정' 현판이 있고 이병관과 이대원이 쓴 정기가 두 개 있다. 정자 안에는 두 개의 방이 있다. 좌우 출입구 위에 '영귀당詠歸堂' '여사재如斯齋' 현판이 있다. '영귀'의 유래는 이렇다. 『논어』 이야기다. 공자가 하루는 제자들을 모아놓고 평소의 포부를 물었더니 자로를 비롯한 좌중의 제자들이 정치적 야심을 드러냈다. 증점만이 "기수에서 목욕하고 무에서 바람을 쐬고 시를 읊으며 돌아오겠습니다浴乎沂風乎舞雩詠而歸"라고 답했다. 공자가 "나는 증점 편을 들겠다" 하고 좋아했다. '영귀'는 '안빈낙도'의 절창이다.

'여사'는 『논어』「자한」 편에서 빌려왔다. "공자가 냇가에 계실 때 말

씀하셨다. 흘러가는 것이 이와 같구나. 밤낮으로 쉬지 않고 흐르는구나
子在川上曰　逝者如斯夫　不舍晝夜" 중 '흘러가는 것이 이와 같구나'에서 차용했
다. 흐르는 세월의 덧없음, 이뤄놓은 것 없는 자신에 대한 한탄이 담겨
있다.

육각형 정자 자체도 귀한데 육각형 정자 안에 사각형의 방이 두 개
마련된 경우는 극히 드물다. 사각형 방을 만들고 남은 자투리 공간은
벽장과 출입구로 활용한 아이디어도 돋보인다. 둥근 기둥과 사각 기둥
을 교차로 세운 정자 내부의 모습도 눈길을 끈다. 건물 바깥 처마 밑에
있는 소의 혀 모양 익공이 있는 것도 독특하다.

귀래정의 본래 이름은 '육화정'이다. 육화정은 1755년 이철명의 7,
8대손이 건립했는데 여강 이씨 천서문중의 천서가숙, 글방이었다. 처음
부터 이철명을 추모하기 위해 '지헌선생 우모지소'를 지었는데 1938년에
이철명의 기개를 후손에게 길이 남기기 위해 귀래정으로 이름을 바꾸
었다. 육화정에 대한 기록은 『경주읍지』와 『동경통지』 『금오승람』 등에
나온다.

육화정은 꽃처럼 날리는 겨울눈이 육각형이라는 데 착안해 지은 이
름이다. 정자가 있는 마을 이름은 천서마을이다. 냇가의 서쪽이라는 뜻
인데 내의 이름이 설천(현재의 달성천)이다. 여강 이씨의 종택이 있는 양
동마을을 둘러싸고 있는 산은 설창산인데 마을의 남쪽에 있다. 모두 눈
설雪자를 쓴다. 눈의 구조가 육각형이다. 동네의 산천을 상징적으로 묘
사해 육화정으로 했다. 귀래정이 육각형 정자라는 독특한 구조를 가지
게 된 데는 이 같은 이유가 있다. 창경궁의 존덕정, 경복궁의 향원정이

육각형 정자 안에 사각형의 방이 두 개 마련된 경우는 극히 드물다.

6각형 구조다.

귀래정은 우주를 형상화한 건축물로 보인다. 정자 앞 연당은 일각문 앞에서 보면 북두칠성을 형상화한 것이다. 사찰에 있는 칠성각은 북두칠성을 모시는 민간신앙에서 비롯됐는데 수명과 복을 관장한다. 연당에 그런 의미가 담겨 있는지는 모르겠다. 북두칠성 형태의 연당을 건너 정자로 가려면 구름다리를 건너야 하는데 이 다리가 오작교 역할을 한다. 오작교를 건너면 정자 앞 양쪽에 검은 바위가 서 있는데 이게 달나라에 있는 계수나무, 월계수다. 정자는 달이다.

칠형제의
인패를 걸고
정자를 짓다
:

포항 칠인정 七印亭

●

포항의 '두문동'을 찾아간다. 포항 시내에서 7번 국도를 타고 흥해로 가
다가 포항역 앞을 지나면서 선린대학 쪽으로 꺾는다. 선린대학과 파라
다이스 온천을 지나 차 한 대 겨우 지나가는 시골길을 한참 가면 막다
른 길에 '칠인정七印亭'이 나온다. 흥해읍 초곡리다.

두문동은 태조 이성계가 조선을 건국해 도읍을 한양으로 옮기자 벼
슬살이를 거부한 고려의 유신들이 경기도 개풍군 광덕면 광덕산에 들
어가 은거하며 만든 마을이다. 집 속에 박혀 바깥으로 나가지 않는 것
을 '두문불출'이라고 하는데 두문동에서 비롯됐다.

포항시 흥해읍 초곡리는 인동 장張씨의 600년 된 집성촌이다. 입향조
는 장표張彪로 고려 말기에 흥위위 보승낭장을 지냈다. 흥위위는 중앙군
인 이군육위 중 3번째 군단이다. 전체 병력은 보승 7령 정용 5령 도합
12령에 1만2000여 명 정도 됐다고 한다. 낭장은 정6품 무관직으로 휘
하에 200명의 군사를 거느리는 중간 간부다.

장표는 이성계가 고려를 무너뜨리고 조선을 건국하자 '이군불사'를
외치며 고향인 인동(현재의 구미)으로 향한다. 인동에서도 새 정권의 호

두무불출이 어울리는 시골길의 끝에 칠인정이 있다.

출이 계속되자 그는 사람의 발길이 닿지 않는 도음산 아래, 지금의 초곡에 들어와 초막을 짓고 은거했다. 인동 장씨 흥해파의 파조이며 초곡마을 입향조가 됐다. 그리하여 초곡은 '포항의 두문동'이 됐다. 초곡은 장표가 초막을 짓고 살았다는 데서 나온 이름이다. 초곡을 사일土逸마을이라고도 한다.

장표는 슬하에 4남 3녀, 7남매를 두었다. 자신은 고려 사람이니 조선에 출사하지 못한다 하더라도 자식들은 조선의 백성이므로 출사를 말릴 수는 없다며 벼슬길을 열어놓았다. 장표의 희망대로 네 아들과 세 명의 사위가 모두 문과에 급제했다. 맏아들 을제는 봉화현감을, 둘째 을하는 운봉현감, 셋째 을해는 중림수, 넷째 을포는 청하현감을 지냈으며 유정봉, 이읍, 이현실 등 세 명의 사위도 봉상소윤과 강진제, 주부령 동정 등의 벼슬을 지냈다.

벼슬에 오른 7남매가 장표의 회갑을 기념하여 정자를 짓기로 했다. 정자 앞에 두 그루의 기이한 형상의 느티나무(쌍괴수)를 심고 그 나무에 자신의 인패를 걸었다. 7개의 인패를 걸었던 정자, 자식 7명이 모두 출세를 한 기념으로 지은 정자가 칠인정이다. 1409년(태종 9)의 일이다.

정자가 세워진 지 370년이 지난 가을 어느 날에 태풍이 휘몰아쳤다. 마을이 모두 태풍에 휩쓸려 갔고 정자도 흔적 없이 사라졌다. 쌍괴수마저 바람에 꺾어지고 뽑혔다. 무너진 정자는 장표의 13세손 호와 순이 기금을 모아 건립을 추진하다가 죽고 기와 윤, 용이 완성했다. 현재의 건물은 1797년에 다시 짓고 보수에 보수를 거듭한 것이다.

정면 3칸, 측면 2칸 규모이며 양쪽에 온돌방을 두고 가운데에 마루를 두었다. 앞과 양쪽에 툇마루를 내고 계자각 난간을 둘렀다. 정자와 마주 서서 보면 왼쪽의 작은 방은 '효우재孝友齋' 오른쪽 큰방은 '경수당慶壽堂'이다. 현판의 의미로 봐서 효우재는 젊은이들이 사용하는 방이고 오래 살아서 축하한다는 뜻의 경수당은 문중의 노인들이 썼던 방이다.

건물은 구릉 위에 지어졌는데 출입구에 계단을 설치했으며 누각 형태로 건축됐다. 아래층에는 양쪽 방에 불을 지피는 함실을 마련했고 나머지 공간은 개방됐다. 자연석으로 쌓은 외벌대 기단 위에 기둥을 세웠는데 1층에는 두리기둥을, 2층에는 대청의 오른쪽 기둥 2본 중 앞쪽은 팔각기둥으로, 뒤쪽은 네모기둥으로 세웠다. 나머지는 두리기둥으로 설치했다. 온돌방 전면에는 양쪽 여닫이 세살문을, 측면에는 외짝 여닫이 세살문을 달았다. 왼쪽 방과 대청 사이에는 외짝 들어열개문과 외짝 여닫이문이 있고 오른쪽 방과 대청 사이에는 2분합문과 외짝 들어열개문이 설치돼 있다.

정자 내부에는 「칠인정기」「칠인정중수기」 등이 걸려 있다. 「칠인정기」는 치암癡菴 남경희南景羲(1748~1812)가 썼다. 남경희는 승문원박사, 성균관전적, 사간원정언을 끝으로 43세의 나이에 고향인 경주 보문으로 돌아와 지연계당을 열고 후학들을 양성했다. 남경희가 「칠인정기」를 쓴 까닭은 대산大山 이상정李象靖 문하에서 함께 공부한 이계耳溪 장사경張思敬(1756~1817)과의 인연 때문인 것으로 보인다. 장사경은 장표의 14대 후손으로 칠인정과 초곡, 흥해 등지의 풍경을 시로 남긴 인물이다.

"을축년(1745) 가을 비바람에 (나무가) 넘어졌으니 도장(인패)을 걸었던

칠인정의 모습. 정면에서 왼쪽 방이 효우재, 오른쪽 방이 경수당이다.

때로부터 370년이 지났다. 13세손 운한과 유한, 14세손 호와 순과 익이 다시 나무를 심고 말하기를 '정자가 없어서 되겠는가' 했다. 뜻을 모아 다시 세우고자 기금을 거의 모았을 때쯤 호와 순이 돌아가시고 아우 기와 제종제 연, 용이 1797년 봄 마침내 완성했다. (…) 당신(장표)은 없어진 나라의 공복으로서 지조를 지키시고 자손은 벼슬에 나아가지 않는 것이 의義가 없다고 하시어 각각 그 도리를 좇게 하시니 태평성대에 7인七印을 조정에 진출하도록 용납했다. 야은(길재), 운곡(원천석)과 같은 지라, 내 이러함으로써 우리 조선의 조종朝宗도 성군이요, 공도 당대의 절의사節義士라 내 마음에 거리낌은 세상의 절의를 이야기할 때에 야은과 운곡 이군자二君子만 알고 공(장표)에 대해서는 말이 없다는 것이다. (공적이) 나타나고 그늘에 묻히는 것이 때가 있다는 말인가?"

정자에 올라 조선의 선비가 돼 음풍농월해본다. 정자 앞에는 나지막한 구릉이 엎드려 바람을 막아주고 구릉 앞으로 계곡물이 흐른다. 계곡의 이름은 쌍계다. 두 줄기의 물이 정자 바로 앞에서 합쳐 치내려간다. 두 줄기 중 위쪽의 계곡에서는 깨끗한 물이 쏟아져내린다. 된장 담는 물로 쓰면 된장이 그렇게 맛있을 수가 없다. 아낙네들이 머리를 감으면 머릿결에 윤기가 도는 약수다. 다른 한 줄기 계곡에서 나오는 물은 음용할 수 없는 정도의 탁류다. 발 씻기 딱 좋은 물이다. 굴원의 시「어부사」가 생각난다. "창랑의 물이 맑으면 갓끈을 씻고 창랑의 물이 흐리면 발을 씻으리." 쌍계의 맑은 물과 흐린 물이 상징하는 바는 나갈 자리에 나가고 머무를 자리에 머무는 '출처지의出處之義'다.

정자 앞에서 만난 두 물줄기를 끌어들여 연못을 만들었다. '소담축'이다. 네모난 연못 속에 네모난 섬을 만들었다. 연못을 파고 물을 끌어들여 석축을 쌓고 물고기를 길렀다. '관어觀魚'는 은둔하는 선비의 즐거움이다. 무리지어 헤엄치는 물고기의 유영을 안분지족, 무애 또는 원천적인 즐거움의 상징으로 생각했다. '관어'는 곧 '지어락知魚樂'의 경지로 이어진다. 장자가 "물고기의 즐거움을 아는가"라고 말하니 혜자가 이르기를 "당신이 물고기가 아닌데 어찌 물고기의 즐거움을 안다고 하는가"라고 반문했고 장자는 "당신은 내가 아닌데 어찌 물고기의 즐거움을 모른다 하는가"라고 응수했다.

조용히 거문고와 책으로 마음을 씻고자 靜對琴書欲洗心

일부러 정자 가까이 물을 흐르게 했네 古教流水近亭陰

나무에 핀 꽃은 언덕을 붉게 물들이고 浮紅岸勢來花樹

환한 대숲은 촌락을 푸르게 적시네 滴翠村容炫竹林

한껏 깨끗해진 모래톱에서 본성을 회복하고 盡淨沙痕回本性

바위틈에서 은은히 울리는 소리 맑기가 은은한데 微鳴石竇有淸音

난간 밖에 반묘의 빈 밭이 남아 있기에 欄外閑田如半畝

정자 앞의 연못.

내년 봄에 손질하면 연못이 더 깊어지려나 明春料理一塘深

　_장사경, 「정자 아래 소담을 짓다亭下築小潭仍賦一篇」

　정자 앞에서 두 줄기 물이 만나 길게 성곡리까지 흘러간다. 경치가 좋은 9개 굽이를 구곡으로 정하고 굽이마다 이름을 붙여 '쌍계구곡'이라고 불렀다. 쌍계구곡을 선정한 이는 장사경이다. 굽이마다 시를 한 수씩 붙여 「쌍계구곡가」까지 지었다. 서시 격인 「쌍계에서」를 포함해 모두 10수다. "난간 너머 쌍계는 아홉 굽이로 흐르는데 / 쌍계의 경치는 빼어나면서도 그윽하네 / 세상 사람들 쌍계의 즐거움 알려거든 / 꼭 쌍계의 첫 구비로 가야하리."(「인정 앞 쌍계의 아홉 굽이印亭雙溪九曲」)

　오천에서 태어난 장사경은 흥해로 이사온 뒤 흥해, 곡강, 오천 등 포항 지역은 물론 포항 인근의 이름난 문인들과 교류하며 많은 작품을 창작했고 『주역』에 대한 독특한 해석을 남겼다. 특히 칠인정에 남다른 애정을 보인 장사경은 「쌍계구곡가」를 지은 뒤 이 일대의 풍경을 「또 십경을 읊다又十詠」「선조의 정자에서 운을 짚어 맑은 글을 얻다先亭拈韻得靑字」「정자에서 우연히 읊다亭中偶吟」 등의 시편으로 남겼다.

비 개인 후 정자에서 달을 먼저 만나니 霽後山齊得月先

하늘과 땅이 모두 본 모습을 드러내네 端倪呈露渾然天

누대를 안고 졸졸 흐르는 물은 멀어지고 淙淙水抱樓臺逈

골을 점점이 두르고 있는 봉우리는 원만하네 點點奉圍洞壑圓

한가할 때 농사 이야기는 온통 기장과 벼이고 暇日農談夕黍秭

좋은 밤의 시화엔 태반이 구름과 연기라네 良宵詩話半雲烟

어쩌면 터 닦아 집 지을 계획 이루어 何由得遂誅茅計

오래토록 친척들과 베개를 나란히 해볼까 永與諸宗一枕聯

　　　　　_정사경, 「정자에서 우연히 읊다亭中偶吟」

제4부

역사와 인간이

함께 쉬는 곳 休

금강산과
동해를
품은 곳
:

고성 청간정清澗亭

청간정은 청강천과 동해바다가 합류하는 고성의 야트막한 언덕 위에 서 있다. 서쪽으로는 멀리 설악산이 눈에 잡히고 동쪽으로는 흰 모래밭이 길게 펼쳐진 명사십리鳴沙十里 푸른 바다와 면해 있다. 명사십리로 이름난 해수욕장을 이야기할 때 빠지지 않는 곳이 원산해수욕장과 포항 송도해수욕장이다. 원산은 북한 땅이어서 갈 수가 없고 포항 송도는 포스코가 들어선 뒤 그 아름다운 백사장이 없어졌다가 지금은 복원 공사가 한창이다.

청간정이 있는 고성 명사십리의 '명사'는 '곱고 흰 모래'가 아니라 '우는 모래'다. '밝을 명明'이 아니라 '울 명鳴'이다. 『신증동국여지승람』은 이렇게 기록했다. "모래색이 눈같이 하얗고 사람과 말이 지날 때면 부딪쳐 나는 소리가 쟁쟁하여 마치 쇳소리 같다. 영동 지방 바닷가 모래들이 모두 그러하지만 그중에서도 간성 고성 사이에 제일 많다." 『대동여지도』를 만든 김정호는 『대동지지』에 "청간정은 청간역 옆에 있는데 해안가에는 기암괴석이 어지럽게 서 있다. 해변 위 모래는 빛나느니 흰 눈이 뒤덮인 것 같고, 밟으면 쇠가 부딪히는 소리가 나서 주옥을 밟는 것 같다"

청간정 북쪽에서 바라본 청간정과 동해.

라고 썼다.

　강원도 고성군 토성면 청간정에서 '우는 모래' 소리를 듣는다. 파도
가 정자를 떠받치고 있는 언덕 아래로 우르르 몰려오면서 모래를 스치
는 소리, 모래사장에서 갈매기가 날아오르며 우는 소리를 듣는다. 남한
의 최북단, DMZ와 불과 30여 킬로미터 떨어진 고성의 청간정 앞 풍경
은 평화롭기 그지없다. 수만 년 그래왔던 것처럼 강물은 바다로 끊임없

이 밀려들고 바다는 파도를 밀어냈다가 끌어들였다 한다. 파도에 쏠려가는 모래가 '우는 소리'를 낸다. 갈매기도 모래를 박차고 날며 들며 목청껏 울음소리를 내지른다. 이 풍경을 인조 때 간성현감을 지냈던 택당澤堂 이식李植(1584~1647)은『수성지水城誌』에 이렇게 썼다.

"정자 위에 앉아 하염없이 바라보면 물과 바위가 서로 부딪쳐 산이 무너지고 눈을 뿜어내는 듯한 형상을 짓기도 하고 갈매기 수백 마리가 아래위로 돌아다니기도 한다. 그 사이에서 일출과 월출을 바라보는 것이 더욱 좋은데, 밤에 현청에 드러누워 있으면 바람 소리, 파도 소리가 창문을 뒤흔들어 마치 배에서 잠을 자는 듯하다."

청간정은 남한에 있는 관동팔경 중 가장 북쪽에 있다. 설악산 신선봉에서 발원한 청간천이 화암사와 신평을 거쳐 동해로 흘러드는 하구, 산언덕에 있다. 창건연대와 건립자는 알 수 없으나 중종 15년(1520) 간성군수 최청이 중수했다는 기록이 남아 있다. 1844년 갑신정변 당시 불에 타 방치돼오다 여러 차례 중수를 거쳐 1955년 이승만 전 대통령 명으로 보수했고 1981년 최규하 전 대통령의 지시로 해체 복원했다. 정면 3칸, 측면 2칸의 2층 누각이다. 관동팔경에 나오는 그 청간정 자리는 아니다.

정자 이름 '청간'은 정자가 바위 사이에 흐르는 물과 접해 있기 때문에 붙였다. '맑은 산골 물이 흐르는 곳에 세워진 정자'라는 뜻이다. 이식은 정자 이름에 대해 이렇게 설명한다. "본래 청간역 정자로 만경대 남쪽 2리에 있었다. 간수(바위 사이를 흐르는 물)에 임해 있는 까닭에 이렇게 불렸다. 만경루가 허물어지자 역의 정자를 대 곁으로 옮겨오면서 드디어 승지가 됐다. 정자가 바닷물과 떨어진 것이 겨우 5, 6보이나 만경대를 모퉁이로 삼고 물속의 험준한 섬이 둘러막아 먼저 물결과 싸우는 까닭에 예부터 수해를 입지 않는다. 비록 큰 바람으로 바다가 넘칠지라도 앞 계단을 넘어 닥치지 못하니 도리어 기이한 풍경이 된다."

정자 외부 현판은 독립운동가인 청파 김형윤이 1928년에 쓴 글씨다. 본래 우암 송시열이 썼다고 전해오고 있으나 1884년(고종 21)에 정자가 불에 타면서 현판도 함께 재가 됐다. 정자 안에서 눈길을 끄는 것은 이승만 전 대통령의 '청간정' 친필 현판과 최규하 전 대통령의 친필시판이다. 이 전 대통령은 1955년 중수 당시 이곳에 들러 현판을 하사했고 최 전 대통령은 1980년 여름에 이곳에 들러 한시를 남겼다. '설악과 동해가 마주하는 고루에 오르니 / 과연 이곳이 관동의 빼어난 경치로구나.' 이 밖에 택당 이식의 시판과 중수기가 걸려 있다.

하늘의 가르침으로 푸른 바닷물 들고남이 없고 天敎滄海無潮汐

배 같은 정자 하나 물가에 서 있네 亭似方舟在渚涯

붉은 해는 솟으려고 빛을 들창에 먼저 쏘네 紅旭欲昇先射牖

푸른 물결 일렁이자 옷자락이 먼저 나부끼네 碧波纔動已吹衣

동남동녀 실은 누각이 순풍에 끌려간다 해도 童男褵䩞遭風引

동왕모의 복숭아가 열리려면 멀었구나 王母蟠桃着子遲

신선 자취 접하지 못한 아쉬움 속에 怊恨仙蹤不可接

청간정은 관동팔경 중의 하나로 조선시대 수많은 시인과 묵객이 찾아와
시와 그림을 남겼다.

清澗亭

天教滄海無潮汐
亭似方舟在渚涯
紅旭欲昇先射牖
碧波繞動已吹衣
童男樓艓遺風引
王母蟠桃着子遲
怊悵仙蹤不可接
倚闌空望白鷗飛

澤堂先生集卷之五

청간정에 걸려 있는 택당 이식의 시판.

난간에 기대어 갈매기 날아가는 허공만 바라본다 倚闌空望百鷗飛

_이식, 「청간정」

　청간정 우물마루에 앉아 내다보는 바깥 풍경은 장관이다. 긴 모래밭이 활을 뒤집어놓은 것 같은 형상으로 휘어지고 바다는 수평선까지 아득하게 달려 나간다. 바다 가운데 외로운 섬 죽도가 망망대해에 떠 있는 일엽편주 같다. 비온 뒤의 가을 하늘은 저만치 더 높아졌다. 남쪽에는 마구 풀어헤쳐놓은 넥타이 같은 청간천이 구불구불 설악산 쪽으로 뱀 걸음을 하고 있다. 서쪽 하늘을 바라보면 한창 단풍이 든 설악산 신선봉이 울긋불긋 꽃단장을 하고 청간정을 내려다보고 있다.

　청간정은 금강산으로 가는 길목에 있는데다 아름다운 경관 때문에

고성 지역의 모래는 쇳소리가 난다고 해서 우는 모래, 즉 명사鳴沙라고 한다.

시인 묵객의 발길이 끊어지지 않았다. 허균, 양사언, 허적, 유몽인, 임억령, 이달, 남효온, 김극기, 정철 등 한 시대를 풍미했던 시인들이 이곳에 들러 시를 남겼다. 정철이 「관동별곡」에서 청간정을 슬쩍 언급한다. "고성을 저만치 두고 삼일포를 찾아가니, 그 남쪽 봉우리 벼랑에 '영랑도 남석행'이라고 쓴 붉은 글씨가 뚜렷하게 남아 있는데 이곳을 유람한 사선은 어디 갔는가? 여기서 사흘을 머무른 후에 또 머물렀는가? 선유담, 영랑호 거기에 가 있는가? 청간정, 만경대 등 몇 군데 앉아서 놀았던 가?" 「관동별곡」에 언급된 '유람한 사선'은 신라 때의 화랑인 영랑·술랑·남랑·안상 등이다. 금강산에서 수련하고 무술대회에 나가기 위하여 고성군의 삼일포에서 3일 동안 쉬다가 금성으로 가는 길에 영랑호를 지나던 길이었다. 영랑은 호반의 풍치에 도취되어 무술대회에 나가는 것 조차 잊었다고 하는데 그 이야기를 하는 것이다.

청간정에서 뜻밖의 인물을 만난다. 조선 후기의 아웃사이더이며 문체반정의 최대 피해자 박천博泉 이옥李沃(1641~1698)이다. 그가 자신의 시집『박천선생시집博泉先生詩集』 5권인「수의록繡衣錄」에 시를 남긴 것이다. 그는 글씨도 능하고 문명도 높았으나 패관소품체의 글을 쓴다는 이유로 '문체반정'을 주도한 정조에게 찍혀 여러 차례 군대에 징집되는 수모를 당했고 끝내 벼슬길에 오르지 못한 불운아다.

화려한 정자 큰 길 베고 누웠구나 華亭突兀枕長途

풍악산도 동해도 여기에 다 들어앉았구나 楓岳東溟此地俱

수만 개의 옥봉우리 은은히 보이고 萬玉峯巒橫縹緲

여섯 자라 일렁이는 파도 허공만 때리는 듯 六鼇波浪動虛無

만물도 상대적이라는 것을 알겠노라 始知衆物元相對

그래서 홀로 가는 길이 외롭지 않고 즐겁다 亦喜吾行自不孤

훌륭한 사람 하나하나 말하기 어려워서 欲把崇深論甲乙

난간 밖 동쪽에서 서성이며 주저하네 畫欄東畔更踟躕

_이옥, 「간성의 청간정」

청간정은 또 조선의 날고 기는 화가들을 불러들였다. 겸재 정선과 김홍도, 강세황姜世晃도 이곳에 들러 그림을 남겼다. 정선은 영조 9년(1733) 청하현감에 부임하여 삼척부사 이병연과 함께 청간정에 들러 회포를 풀면서 「청간정도淸澗亭圖」를 그렸다. 이 그림은 5년 뒤인 1788년 제작한 『관동명승첩』에 들어 있다. 허필許佖(1709~1761)은 총석정, 삼일포, 청간정, 경포대, 죽서루, 망양정, 월송정, 낙산사 등 관동팔경을 돌아보고 「관동팔경도병關東八景圖屛」을 그렸다. 만경루를 앞쪽에 배치하고 뒤에 청간정을 그렸는데 만경루는 바다를 조망하는 공간으로, 청간정은 객관 용도로 표현했다. 화면의 왼쪽과 위쪽에 여백을 두고 위쪽 여백에는 김극기金克己의 「간성군역원 청간역」이라는 시를 적어놓아 시문과 그림의 조화를 시도했다. 강세황은 4박 5일 동안 금강산 유람을 했는데 「유금강산기」와 함께 『풍악장유첩』을 남겼다. 「죽서루도」 「월송정도」와 함께 「청간정도」도 남겼다. 김홍도는 정조의 명을 받아 1788년 김응환과 함께 금강산과 영동 일대를 기행하며 명승지를 그렸다. 『금강사군첩』이다. 여기에 「청간정」 그림이 있다. 이 밖에 이의성(1775~1883)의 『해산도첩』에도 「청간정도」가 들어 있다.

경상감사
도임행차의 추억

:

문경 교귀정 交龜亭

●

문경 새재를 타박타박 걷는다. 계절은 바야흐로 성하로 치닫고 있다. 녹음은 짙푸르러 눈이 시린데 먼지 폴폴 나는 길은 길게 이어진다. 그나마 위안이 되는 것은 선풍기를 틀어놓은 듯, 맑고 시원한 바람을 끊임없이 생산하는 계곡이다.

새재는 고갯길이 높아 '새도 날아 넘기 힘든 고개'라는 데서 유래했다. 고갯길 주변에 새(억새)가 많아 '억새풀 우거진 고개'라는 뜻이라고도 하고 하늘재와 이우리재 사이의 고갯길, '새재'라고도 한다. 그 밖에 '새로 낸 고갯길'이라는 설도 있다.

새재의 험한 산길 끝이 없는 길 嶺路崎嶇苦不窮
벼랑길 오솔길로 겨우겨우 지나가네 危橋側棧細相通
솔숲을 흔드는 거센 바람에 말도 멈춰 서고 長風馬立松聲裏
길손들 종일토록 바위의 찬 기운 속에 있네 盡日行人石氣中
시내도 언덕도 하얗게 얼었는데 幽澗結冰厓共白
빛바랜 칡덩굴은 눈 온 뒤 오히려 붉다 老藤經雪葉猶紅

문경 교귀정 交龜亭

정상에 이르러 계림을 벗어나니 到頭正出鷄林界

서울 쪽 하늘엔 그믐달이 걸렸네 西望京華月似弓

　　　　_정약용 「겨울날 서울 가는 길에 새재를 넘으며冬日嶺內赴京踰鳥嶺作」

　문경 새재는 조선시대 때 영남과 한양을 연결하는 대표적인 선비의 길이었다. 추풍령과 죽령이 있었지만 추풍령은 '추풍낙엽처럼 떨어진다'고 기피했고 죽령은 '대나무처럼 반쪽이 쩍 갈라져서 미끄러진다'는 징크스가 나돌았던 모양이다. 따라서 문경 새재가 과거를 보러 한양으로 넘어가던 선비들의 '희망 통로'였다. 문경聞慶의 옛 이름은 문희聞喜다. 경사스런 소식을 듣는다, 기쁜 소식을 듣는다는 뜻이다. 이 때문에 영남뿐만 아니라 호남의 선비들도 굳이 먼 길을 돌아 이 길을 넘었다.

　문경 새재는 태종 13년(1413)에 길이 열렸다. 그전까지는 삼국시대에 만들어진 계립령이 유일한 길이었다. 새재는 길이 험했지만 사회·문화·경제·국방의 요충지였다. 『택리지擇里志』는 "조선 선비의 절반이 영남에서 배출됐다"고 했는데 그 선비들은 새재를 넘어 '기쁜 소식을 들은' 케이스다.

　새재에 있는 세 개의 관문은 임진왜란 이후 류성룡柳星龍이 산성을 만들고 관문을 설치하자고 주장해 이뤄졌다. 첫 번째 관문은 주흘관으로 숙종 34년(1708)에 설치됐다. 2관문인 조곡관은 임진왜란이 끝난 뒤 선조 27년(1594)에 세워졌다. 3관문은 조령관으로 새재 꼭대기에 있다.

　교귀정은 1관문과 2관문 사이에 있다. 조선시대에 출장 중인 관리에게 숙식을 제공했던 조령 원터가 나오고 조금 더 올라가면 길 건너편에

교귀정의 모습.

길손들이 새재를 넘어가면서 끼니를 해결하던 문경 주막터가 나온다. 이를 지나면 교귀정이 보인다. 1470년경 문경현감 신승명이 건립했다.

1896년 을미 의병전쟁 때 화재로 타 없어졌다가 1999년 6월 복원했다. 건물의 양식은 팔작지붕에 이익공二翼工, 정면 3칸, 측면 1칸으로 이루어져 있다. 정자에는 오래된 소나무 한 그루가 서 있는데 교귀정이 건립될 당시에 심어진 나무가 아닌가 추정하고 있다. 뿌리는 교귀정 방향인 북쪽으로 뻗어 있고 줄기는 남쪽으로 향해 있어 마치 춤을 추는 듯한 모양인데 나무 가지는 길 위로 뻗어 시원한 그늘을 만들어주고 있다.

교귀정은 새로 부임해오는 신임 경상감사와 이임하는 경상감사가 관인을 인수인계하던 곳이다. 요즘으로 치면 도백의 이취임식을 하는 곳이다. 신임 감사 입장에서는 관할 지역에 들어서자마자 업무를 시작해야 하고 떠나는 감사는 관할 지역을 벗어날 때까지 업무에 한 치의 소홀함이 없어야 하겠기에 업무의 공백을 최소화하기 위한 조치였다. 정자 이름 '교귀'는 '거북 모양의 관인을 주고 받는다'는 뜻이다. 당나라 때 벼슬아치가 차는 인장이 금귀金龜인데 여기서 유래했다. '교귀'라는 이름은 점필재佔畢齋 김종직金宗直이 지었다.

교귀정 위에 앉아 천지를 내려보노니 交龜亭上傲乾坤
어느새 귀밑머리가 희끗희끗해졌네 不覺霜華點鬢根
한 강물 소리는 바람이 절로 부딪혀 나는 것이고 一水宮商風自激
그림 같은 일천 암벽엔 날이 저물어가네 千巖圖畫日將昏
시는 경치를 읊기 위해 나는 새를 탐구하고 詩因寫景窮飛鳥

눈물은 상심의 소치라 우는 원수이를 나무란다오 淚爲傷懷誚斷猿
남쪽 땅에는 이미 쌍척후가 사라졌으니 南地已銷雙隻堠
달 밝은 오늘 밤엔 어느 마을서 묵을거나 月明今夜宿何村

_김종직, 「교귀정」

김종직은 시를 지으면서 "새재의 동쪽 비탈에 새로 지은 정자가 있어 퍽 넓고 화려한데 이는 곧 신구관 방백들이 서로 직무를 인수인계하고 작별하는 곳이다. 전 현감 신승명이 세운 것인데 명호가 없으므로, 내가 교귀라 명명했다. 그 벽에 진사 유순정의 시가 있으므로 차운했다"고 별도의 시작 메모를 남겼다.

조선 중종 때 좌의정을 지냈던 용재容齋 이행李荇(1478~1534)이 교귀정이 건립되고 7년 뒤에 이곳에 들러 시를 남겼다.

교귀란 이름은 유래가 있어도 交龜名有自
지난 자취는 전해지지 않구나 往跡世無傳
어여쁜 새는 진정 마음 쏠리지만 幽鳥眞堪慕
시든 꽃은 다만 가련할 뿐이네 殘花只可憐
예와 이제가 한 가지 모습인데 古今俱一態
지혜와 어리석음 무슨 차이 있으랴 愚智孰相懸
아직은 수령의 인도를 받을 신세 아니어도 幸免前驅導
산과 계곡이 나를 반겨주누나 溪山爲我妍

_이행, 「교귀원」

교귀정 내부가 널찍하다.

문경 새재의 교귀정은 비록 복원된 것이지만 전국에서 유일하게 남아 있는 교인처다. 이 때문에 매년 가을 문경문화제 때 경상감사 교인식 재현행사를 이곳에서 거행하고 있다.

　　교귀정에서 눈여겨볼 만한 것은 건너편 계곡의 '용추'다. 용추란 용이 오른 곳이다. 대한민국의 쓸 만한 계곡에, 크든지 작든지 규모야 어떻든 계곡물이 낙하하는 곳에는 다 붙여진 이름이다. 먹물깨나 먹은 이들이 자신의 호연지기를 담아 한 번은 날아보겠다고 작심하고 지은 이름일 것이다. 신구 경상감사 교인식이 있는 장소에 규모야 어떻든지 이런 정도의 명함은 내밀어야 하지 않겠는가. 계곡은 녹음으로 뒤덮여 있고 햇

용이 승천한 전설을 지닌 용추계곡.

살에 눈이 부신 반석이 펼쳐진다.

바닥이고 드러난 곳이고 모두 바위다. 넓은 바위 한쪽에 폭포가 맑은 물을 내리 꽂고 있다. 장쾌한 음향이다. 떨어진 물이 바위에 부딪혀 튀어오르며 분수처럼 물을 흩뿌리는데 물이 얼마나 차가운지 "6월에도 얼음과 눈을 밟는다"는 퇴계의 말처럼 뼈가 시리게 시원하다. 용추폭포 옆 바위에 '龍湫'라는 암각서를 쓰고 덧붙여 "구지정이 숙종 25년에 쓰다"라고 글자를 새겼다. 이황이 시를 읊었다. "큰 바위는 힘 넘치고 구름은 도도히 흐르네 / 산 속의 물은 내달아 흰 무지개 이루는구나 / 성난 듯 낭떠러지 입구 따라 떨어져 웅덩이 되더니 / 그 아래에는 먼 옛적부터 이무기 숨어 있네 / 푸르고 푸른 노목들 하늘의 해를 가리고 / 나그네는 유월에도 얼음과 눈을 밟는다네 (…) / 큰 글자 무디어져 바위에 새겨 있으니 / 다음 날 밤에는 응당 바람 비 내리리라."(「용추」)

왕들이
그리워한 절경,
시로 달래다

:

삼척 죽서루竹西樓

●

삼척 오십천은 삼척시와 태백시를 가르는 백병산(1259미터)에서 발원한다. 삼척 시가지를 지나 동해안으로 흘러들며 강으로서의 생을 마감한다. 길이가 48.8킬로미터로 비교적 짧지만 하천의 곡류가 매우 심해 하류에서 상류까지 가려면 물을 50번은 건너야 한다. 그래서 오십천이다. 하천 협곡의 암벽은 중생대 백악기에 생성된 뒤 오랜 기간 물줄기에 깎이고 바람에 풍화되면서 연출된 절경이다.

죽서루는 오십천 협곡이 끝나는 지점, 카르스트 지형의 절벽과 길게 늘어진 송림, 태백산지가 어우러지는 오십천 최고의 절경지에 자리 잡았다. 눈이 부시게 푸른 강물은 띠처럼 이어지고 강물 속에서 불쑥 솟아 오른 절벽은 도끼로 찍어 내린 장작의 결을 닮았다. 수직의 절벽 허리와 꼭대기에 울창하게 어깨를 맞댄 나무가 숲을 이뤘다. 숲은 단청을 입힌 듯 곱게 물이 들었다. 노랗게 물들고 빨갛게 물든 나무 사이에 사시사철 푸른 소나무가 섞여 울긋불긋 꽃 대궐 쇼가 펼쳐진다. 그 사이에 엎드려 있는 죽서루는 엄숙하고 고졸하다. 보물 제213호 죽서루에 가을이 한창이다.

가을이 한창인 죽서루의 모습.

죽서루는 삼척시 성내동에 있다. 관동8경 중 제1경으로 꼽힌다. 조선시대 삼척부의 객사였던 진주관의 부속건물이었다. 지방에 파견된 중앙관리들이 묵던 숙소의 부속건물로서 접대와 향연이 펼쳐지던 곳이다. 죽서루의 이름과 관련해 여러 가지 설이 있다. 옛날에 죽장사라는 절이 있었는데 누각이 절의 서쪽에 있어 그렇게 불렀다고 한다. 또 죽죽선竹竹仙이라는 아름다운 기생이 살던 집의 서쪽에 있어서 그렇게 이름했다고도 한다.

언제 창건됐는지는 알 수 없다. 고려 명종대(1171~1197)의 문인인 김극기金克己가 죽서루 관련 시를 쓴 것으로 보아 12세기 후반에 창건됐으리라는 추측은 가능하다. 또 이승휴李承休, 안성安省, 김구용金九容, 정추鄭樞 등이 죽서루를 노래한 시를 지었으므로 14세기 말까지는 건재했던 것으로 보인다. 그 후 방치됐다가 조선 태종 3년(1403) 당시 삼척부사였던 김효손金孝孫(1373~1429)이 복원했다.

죽서루는 고려와 조선을 관통하면서 800년 동안 당대 최고의 시인과 묵객이 줄줄이 찾아와 시를 읊고 그림을 그린 명소다. 죽서루 정자 내부에는 학자 시인들의 기문과 시판이 빼곡하다. 관동지역의 경승을 얘기할 때 빠뜨릴 수 없는 인물이 송강 정철이다. 정철은 45세에 강원도관찰사로 부임했다. 그는 내금강과 외금강, 관동팔경을 유람한 뒤 조선 가사문학의 대표적인 작품으로 꼽히는 「관동별곡」을 지었다. 그중 하나가 「죽서루」다.

진주관 죽서루 오십천 내린 물이

태백산 그림자를 동해로 담아가니
차라리 한강의 목멱에 대고 싶구나
왕정이 유한하고 풍경이 싫지 않으니
그윽한 회포도 많기도 하구나
나그네의 설움도 둘 데 없다

고려시대 민족의 대서사시인『제왕운기』를 썼던 이승휴는 "높은 하늘
고운 색채 높고 험준함을 더하는데 / 햇빛 가린 구름 조각 용마루와 기
둥에서 춤추는구나 / 푸른 바위에 비스듬히 기대어 날아가는 고니 바
라보니 / 붉은 난간 잡고 내려다보며 노니는 물고기 헤아려보네 / 산은
들판을 빙 둘러싸 둥그런 경계를 만들었는데 / 이 고을은 높은 누각 때
문에 매우 유명해졌구나 / 문득 벼슬을 버리고 노년을 편안하게 보내고
싶지만 / 작은 힘이나마 보태 임금이 현명해지지를 바라네"(「안집사 병
부시랑 진자사를 모시고 진주부 서루에 올라 판의 시를 차운하다」)라고 썼다.
죽서루를 이승휴가 세웠다는 설도 있다.

　율곡 이이는 「죽서루에서 시를」에서 "누가 하늘을 도와 이 아름다운
누각을 세웠는가 / 그 지나온 세월 얼마인지 알 수 없구나 / 들판 저 멀
리 산봉우리에는 검푸른 빛 서려 있고 / 모래사장 부근에는 차가운 물
고여 있네 / 시인은 본래 남 모르는 한이 많다지만 / 깨끗한 이곳에서
어찌 나그네의 근심을 일으켜야만 하리요 / 온갖 인연 모두 떨쳐버리고
긴 낚싯대 들고는 / 푸른 절벽 서쪽 물가에서 졸고 있는 갈매기와 놀아
보리라"라고 감탄사를 늘어놓았다.

역사가 유구한 죽서루는 창건에 관한
다양한 이야기가 있다.

조선의 국왕 숙종과 정조도 관동의 아름다운 경관에 푹 빠졌다. 죽서루에는 숙종과 정조의 어제시판이 걸려 있다.

우뚝 솟은 절벽 위에 백 척의 높은 누각 硉兀層崖百尺樓
아침 구름 저녁 달 그림자가 맑은 물에 비치네 朝雲夕月影淸流
반짝이는 물결 잦아들고 물고기는 뛰어 올랐다 잠기고 鮫鮫波裡漁浮沒
일 없이 난간에 기대어 흰 갈매기와 친구 하네 無事凭欄狎白鷗

_숙종, 「죽서루」

돌 다듬고 절벽 쪼아 세운 누각 하나 彫石鐫崖寄一樓
누각 옆은 푸른 바다 바닷가에는 갈매기 樓邊滄海海邊鷗
죽서루 있는 고을 태수 누구 집 아들인가 竹西太守誰家子
미녀들 가득 싣고 밤 새워 뱃놀이 하겠네 滿載紅粧卜夜遊

_정조, 「죽서루」

숙종도 정조도 죽서루에 간 적이 없다. 어떻게 본 듯이 시를 썼을까? 정조가 어제시를 지은 과정을 보면 조선의 국왕이나 선비들이 현장에 가지 않고 아름다운 경치를 어떻게 감상하고 노래하는지 알 수 있다. 정조는 화가 김홍도를 시켜 금강산 일대 4개 군의 명승지를 그리게 했는데 이 그림첩이 「금강사군첩金剛四郡帖」이다. 이 화첩이 포함하는 지역은 4개 군뿐만 아니라 남으로 평해 월송정에서 북으로 안변 가학정 그리고 금강산 접경 지역을 모두 담고 있다. 이 화첩에 죽서루가 있다. 정조는 김홍도가 그린 죽서루의 그림을 보고 시를 남겼던 것이다.

죽서루의 또 다른 명물은 현판이다. 5개의 현판이 있는데 누각 정면에 있는 '죽서루'와 '관동제일루關東第一樓'는 숙종 36년 삼척부사 이성조李聖肇가 쓴 글씨다. 누각의 동쪽 내부에 있는 '해선유희지소海仙遊戱之所(바다 신선이 노니는 곳)'는 헌종 3년 삼척부사 이규헌李奎憲이 썼다. 남쪽에 있는 '죽서루' 현판은 누가 썼는지 확인되지 않고 있다.

누각 안에서 서쪽에 걸려 있는 현판, 강이 내려다보이는 쪽에 걸려 있는 '제일계정第一溪亭'(시냇가에 있는 정자로는 제일) 현판은 미수眉叟 허목許穆(1595~1682)의 솜씨다. 허목은 그림과 글씨, 문장에 능했는데 전서체로는 동방의 1인자로 꼽힌다. 그의 전서체는 '미수전'이라고 불릴 정도로 독특하고 독보적이다. 그런 그가 '제일계정' 현판을 유일하다시피한 행초체로 써 눈길을 끈다. 날아갈 듯이 미끈하고 호쾌한 필법이다. 네 장의 판자를 붙이고 테두리를 둘렀다.

허목이 삼척부사로 부임해왔던 때는 그의 나이 68세였다. 남인의 영수였던 그는 서인의 영수 송시열과의 '1차 예송논쟁'에서 패해 삼척부사로 좌천됐다. 그는 삼척에서 향약을 만들어 교화에 힘썼고 '척주동해비陟州東海碑'를 세워 오십천으로 넘나들던 동해의 파도를 잠재웠다. 동해의 풍랑으로 바닷가에 사는 백성들이 피해를 입는 일이 많았는데 풍랑을 막기 위해 동해를 칭송하는 '동해송東海頌'을 짓고, 그의 전가의 보도인 전서체로 비문을 새겨 바닷가에 세웠다. 그 후 풍랑이 멈췄다. 그는 삼척 생활을 즐겼던 것 같다. 죽서루에 남긴 기문을 보면 그런 생각이 든다.

내부의 마루가 길고 넓게 펼쳐져 있다.

미수 허목이 쓴 '제일계정' 현판.

"동계에는 경치가 뛰어난 곳이 많지만 그중에서도 가장 뛰어난 곳이 여덟 곳 있으니 곧 통천의 총석정, 고성의 삼일포와 해산정, 수성의 영랑호, 양양의 낙산사, 명주의 경포대, 척주의 죽서루, 평해의 월송포다. 그런데 이러한 곳을 유람해본 자들이 단연코 죽서루를 제일이라 하니 무엇 때문인가. (…) 서쪽에는 두타산과 태백산이 있으니 높고 험준하여 푸른 기운이 짙게 감돌고 바위로 된 골짜기는 그윽하고 아득하다. 또 하천이 굽이쳐 50개의 여울을 이루는데 그 사이사이에는 무성한 숲과 마을이 자리 잡고 있으며 죽서루 아래에 이르면 푸른 층암절벽이 매우 높이 솟아 있으며 맑고 깊은 소의 물이 여울을 이룬다. 유람자들도 역시 이러한 경치를 좋아하여 죽서루가 제일이라고 하였던 것일까?"

허목은 2차 예송논쟁에서 남인이 승기를 잡음에 따라 삼척 생활을 끝내고 다시 조정으로 복귀해 대사헌과 이조판서를 지냈다. 삼척으로서는 예송논쟁 덕에 제일계정, 척주동해비 같은 귀중한 문화재를 얻게 됐으니 당파의 덕을 톡톡히 본 셈이다.

김홍도가 정조의 명으로 죽서루 그림을 남긴 것 말고도 정선, 강세황 이방운李昉運 등이 죽서루를 다녀갔고 아름다운 경관을 그림으로 그렸다.

죽서루는 주춧돌 대신 자연암반과 초석을 이용하여 세운 2층 누각 형태의 독특한 건축물이다. 자연 상태를 최대한 활용하다보니 위층의 기둥은 20개인데 비해 아래층의 기둥은 17개이고 기둥의 길이도 각기 다르다. 양쪽 측면의 칸수도 다르다. 죽서루는 정면 5칸 측면 2칸인데,

북쪽에서 봤을 때 그렇고 남쪽에서 보면 측면이 3칸이다. 기둥이 하나 더 있다. 앞서 말했듯이 자연암반 위에 누각을 세우다보니 그렇게 됐다고 한다. 주 출입구를 남쪽 면으로 하기 위해서 의도한 것이라고도 한다. 좌우 누각의 천연암반을 활용해 2층 누각에 필수적으로 있어야 할 사다리가 없다는 것도 특징이다.

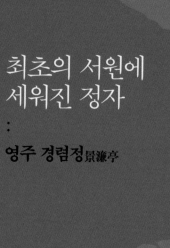

최초의 서원에
세워진 정자

:

영주 경렴정景濂亭

영주는 선비의 고장이다. 선비의 고장이라는 영주의 자부심은 조선 최초의 서원인 소수서원紹修書院에서 나온다. 풍기군수로 부임한 주세붕이 1543년(중종 38) 영주시 순흥면 내죽리 숙수사 자리에 세웠다. 숙수사는 통일신라시대의 절터로 청동불상 25기가 출토됐고 이 절의 당간지주는 보물 59호로 지정됐다. 숙수사 자리에 서원이 들어선 이유는 이곳이 고려시대의 대표적인 성리학자인 안향이 어릴 적 놀던 곳이기 때문이다. 이곳에 안향을 배향하는 회헌사당을 세우고 사당 동쪽에 서원을 건축했다. 건축 당시 이름은 백운동서원白雲洞書院이다. 중국 송나라 때 주자가 세운 '백록동서원白鹿洞書院'에서 따왔다. "여산에 못지않게 구름이며 산이며 언덕이며 강물이며 그리고 하얀 구름이 서원을 세운 골짜기에 늘 가득"하여 그렇게 이름 했다고 전한다.

백운동서원이 소수서원으로 사액을 받게 된 결정적 역할은 퇴계 이황이 했다. 풍기군수로 부임한 이황은 경상도관찰사 심통원을 통해 백운동서원에 조정의 사액을 바라는 글을 올리고 국가의 지원을 요청했다.

취한대는 이황이 지었다. 취한대에서 바라보는 경렴정이 경승이다.

"풍기의 백운동서원은 황해도관찰사 주세붕이 창립했는데 그 터는 바로 문성공 안유가 살던 곳이고 그 제도와 규모는 대개 주문공(주자)이 세운 백록동을 모방한 것입니다. 무릇 학령을 세우고 서적을 비치하며 전량과 공급의 도구를 다 갖추어서 인재를 성취시킬 만합니다. 편액과 서적, 토지, 노비를 하사해 줄 것을 청했는데 다 따라줄 수 없으면 편액과 서적 등 2~3건 만이라도 특명으로 내려보낸다면 먼 곳의 유생들이 반드시 고무 감격하여 흥기할 것입니다."

명종은 대제학 신광한申光漢에게 서원의 이름을 짓게 했다. 신광한은 "이미 무너진 유학을 다시 이어 닦게 했다旣廢之學 紹而修之"는 뜻으로 '소수서원'이라 이름하고 편액을 내렸다. 우리나라 최초의 사액서원이다.

경렴정은 소수서원 입구에 있다. 외삼문 앞 동쪽이다. 일반적으로 서원의 정자가 서원의 안쪽에 누각 형태로 자리를 잡은 것과 대조적으로 경렴정은 서원 바깥에 있다. 일정한 규칙이 없던 초기 서원 배치 방식의 단면을 보여준다. 경렴정은 주세붕이 서원을 건립할 당시 세웠다. 원생이나 유생이 자연을 벗 삼아 시회나 회합을 열어 풍류를 즐기고 휴식을 취하는 공간으로 활용했던 것이다.

경렴정의 '경렴'은 염계濂溪 주돈이周敦頤(1017~1073)를 경모한다는 뜻이다. 주돈이는 장시성의 루산 개울가에 집을 짓고 살았는데 그 개울이 염계다. 개울가에 염계서당을 짓고 스스로 염계선생이라고 했다. 그는 중국 성리학의 틀을 만들고 기초를 닦은 인물로 평가된다. 도가와 불교의 주요 인식과 개념들을 받아들여 우주의 원리와 인성에 관한 형이상

학적인 유학 이론을 개척했다. 그의 사상은 정호·정이 형제와 주희 등을 거치며 이른바 정주학파程朱學派라고 불리는 중국 유학의 중심적 흐름을 형성했다. 주돈이는 조선의 선비들의 선망의 대상이었다. '광풍'과 '제월' 같은 정자 이름도 주돈이에서 비롯됐고 군자를 연꽃에 비유해 정자나 정원에 연꽃을 심는 전통도 주돈이의 「애련설」에서 나왔다. 연꽃에 빗대어 군자의 덕을 이야기한 이 시는 중국의 한문학을 대표하는 글 가운데 하나로 널리 읽히고 있다.

경렴정에는 해서체와 초서체 두 가지 편액이 걸려 있다. 정면의 해서체 편액은 이황의 글씨이고 내부에 있는 초서체 글씨는 고산孤山 황기로黃耆老의 글씨다. 황기로는 어느 날 스승 이황을 만났는데 그 자리에서 경렴정 편액 글씨를 써달라는 부탁을 받았다. 스승 앞에서 글씨를 쓰기가 부담스러웠다. 스승이 자리를 피해주었다. 일필휘지, 용사비등으로 붓을 날려 쓴 글씨가 경렴정 편액이다. 황기로는 초서를 잘 써 김구, 양사언과 함께 '3대 초성草聖'이라 불렸다. 경렴정 안에는 두 개의 현판 외에도 주세붕과 이황, 황준량, 안현 등의 시가 걸려 있다.

산은 경건한 모습으로 서 있고 山立祇祇色
시냇물은 부지런히 소리내며 흘러간다 溪行亹亹聲
깊은 곳에 사는 사람의 마음에 느끼는 바 있어 幽人心有會
한밤 외로운 정자에 기대어 섰네 夜半倚孤亭

_주세붕, 「경렴정」

경렴정은 주세붕이 백운동서원을 세울 당시에 건립했다.

경렴정에서 바라본 죽계천과 취한대. 편액의 초서는 고산 황기로가 썼다.

경자암. '경'은 주세붕의 글씨이고, '백운동'은 이황의 글씨다.

경렴정과 수령 500년의 은행나무.

경렴정 옆을 흐르는 짙푸른 내는 죽계천竹溪川이다. 봄빛이 잘 들었다. 경렴정과 취한대翠寒臺 사이를 유유히 흐르며 고운 빛을 내는데 마음이 소쇄해진다. 비로봉과 국망봉을 잇는 준령에서 발원하며, 이들 물줄기가 배점리의 송림지에 모인다. 죽계천은 거기서 다시 남쪽으로 흐르면서 장계들에서 단산면으로부터 흘러든 단산천과 만나고, 계속해서 남쪽으로 흐르다가 풍기읍으로부터 흘러든 남원천과 만나 서천을 이룬다.

죽계는 아름다운 경관 덕에 선비들의 마음을 움직였다. 죽계가 고향인 안축安軸(1287~1348)은 경기체가인 「죽계별곡」을 지었다. 이황은 죽계천 유역의 아홉 경승을 골라 '죽계구곡'을 선정했다. 1곡 '백운동 취한대白雲洞翠寒臺', 2곡 '금성반석金城盤石', 3곡 '백자담栢子潭', 4곡 '이화동梨花洞', 5곡 '목욕담沐浴潭', 6곡 '청련동애青蓮東崖', 7곡 '용추비폭龍湫飛瀑', 8곡 '금당반석金堂盤石', 9곡 '중봉합류中峯合流'다.

죽계 구곡 중 1곡으로 꼽힌 백운동 취한대는 경렴정 건너편에 있다. 이황이 송백과 대나무를 심고 취한대라 불렀다. 연화봉의 기운과 죽계수의 맑고 시원한 물빛에 취해서 시를 짓고 풍류를 즐긴다는 뜻을 담고 있다. '송취한계松翠寒溪'에서 따왔다. 죽계천을 사이에 두고 경렴정과 대각선으로 마주보고 있는데 경렴정에서 보는 취한대가 경승이듯이 취한대에서 보는 경렴정 또한 아름다운 경관이다. 이황은 취한대에 앉아 경렴정을 바라보며 시를 짓거나 술을 마셨다고 한다. 불에 타 없어졌다가 1986년 신축했다.

풀잎도 그러한 뜻을 품고 草有一般意

시냇물은 그치지 않는 소리를 머금었다 溪含不盡聲

노니는 사람들아 믿지 못하겠거든 遊人如未信

시원한 정자에 한번 올라보게 蕭洒一虛亭

_이황, 「경렴정」

경렴정 물가 맞은편에 있는 바위가 경자암敬字巖이다. 취한대에서 조금 북쪽으로 올라가면 있다. 붉은색으로 '경敬'자가 새겨져 있고 그 위에 하얀색으로 '백운동白雲洞'이라는 글자가 보인다. '경'은 서원을 창건한 주세붕이 새겼고 '백운동'은 이황이 썼다. '경'은 '경이직내, 의이방외敬以直內義以方外'에서 따왔다. '경으로써 마음을 곧게 하고 의로써 밖으로 드러나는 행동을 반듯하게 한다'는 뜻이다. 주세붕은 안향을 선사로 경모하여 서원을 세우고 후학들에게 안향의 학문을 이어가게 하고자 했다. 세월이 흘러 건물이 허물어져 없어지더라도 '경'이라는 글자만은 후세에 길이 전하고 싶었던 모양이다. 또 서원에 들어와 공부하는 유생들이 이 글자를 보며 마음을 수양하기를 바랐다.

경렴정을 돋보이게 하는 조연은 경자암과 죽계천 말고도 500년 묵은 은행나무다. 아름드리 은행나무가 정자 옆에서 시원한 그늘을 만들어낸다. 정자 안에서 소수서원 매표소 쪽으로 바라보면 비슷한 수령의 은행나무가 한 그루 더 서 있다. 은행나무 옆에는 이곳이 숙수사 옛터였음을 알려주는 당간지주가 서 있고 그 옆으로 오래된 소나무 수백 그루가 서원을 에워싸고 있다. 이른바 학자수學者樹다. 덕망 높은 학인을 무수히 배출하라는 뜻으로 천 그루를 심었다고 한다.

시골 정자에서
마주친
비운의 정적

:

울진 망양정望洋亭

●

폐장된 지 겨우 닷새가 지났을 뿐인데 망양정해수욕장은 철지난 바닷가다. 백사장에는 사람 그림자 하나 보이지 않고 흰 모래에 펼쳐진 여백만 가득한데 그 한쪽을 갈매기들이 채우고 있다. 밀려왔다 빠져나가는 파도 소리도 정물의 일부가 돼 간다. 망양정은 울진군 근남면 산포리 망양정해수욕장이 빤히 내려다보이는 언덕 위에 있다. 동쪽으로는 푸른 바다가 가없이 펼쳐지고, 북쪽으로는 왕피천이 흐르는 아름다운 풍경이다.

철이 지나 별 볼일 없어진 바닷가에 차를 세우고 망양정으로 가는 계단 길을 오른다. 이 길 역시 오가는 이 없이 한산하다. 녹음방초도 붉은 꽃도 강렬한 태양 아래 끝물을 향해 뚜벅뚜벅 걸어가고 있다. 우리는 모두 끝을 향해 걸어가고 있다.

계단 길 끝에 망양정이 있다. 계단 끝에서 처마를 올려 보니 정자는 한 마리 거대한 새가 날개를 펴고 비상하는 듯하다. 한층 더 높아진 하늘에는 새털구름 가득하고 정자 기둥 너머로 푸른 바다가 하늘과 맞닿아 있어 더욱 그런 느낌이 든다. 시선이 끝나는 곳, 수평선에 고기잡이

하늘을 배경으로 선 망양정.

배들이 가물가물하다.

현재 남아 있는 망양정은 2005년 울진군이 새로 지은 정자다. 정면 3칸, 측면 2칸의 정자는 누각으로 만들어졌다. 누하주 사이로 난 계단을 통해 정자로 올라가는 형식이다. 정자 안에서 내려다보는 바다는 눈이 부시게 푸르다. 왼쪽으로 왕피천이 바다와 합류하는 모습이 눈에 들어오고 강물의 합류를 환영하듯이 파도소리가 요란하다. 정자 안은 누정기와 시문 8편이 걸려 있다. 정철의 「관동별곡」, 숙종과 정조의 어제시, 영의정으로 있다가 평해에 유배를 왔던 이산해의 시도 걸려 있다.

방랑자 김시습도 이곳에 시를 남겼다. 김시습은 한때 머리를 깎고 설잠이라는 법명으로 경주 남산 금오봉 아래 용장사에 살았다. 그때 경주와 경주 인근의 유적지와 경승지를 돌아다니며 쓴 시를 모아 『유금오록遊金鰲錄』을 냈는데 그 책 안에 「망양정에 올라 달을 보다」라는 시가 있다. "십리 모래밭 큰 바다를 보니 / 멀고 넓은 바다 위 하늘에 달이 떠오르네 / 신선들 세계라 인간 세상과는 막혀 있고 / 사람들은 물 위에 뜬 한 잎 마름잎과 이웃하네"라고 썼다.

최초의 망양정은 건축 시기가 확실하지 않지만 고려 말엽 기성면 해안가에 세워졌던 것으로 추정된다. 『신증동국여지승람』에 원재圓齋 정추鄭樞(1333~1382)가 쓴 시가 기성면 바닷가에 세운 최초의 망양정을 노래하고 있다. 정추는 공민왕 때 좌사의대부로 있으면서 신돈의 죄를 극언하다가 동래현령으로 좌천됐다. 우왕이 세자일 때 글을 가르친 스승이기도 하다. 목은 이색과 함께 익재 이제현의 문하에서 수학했다.

망양정 내부.

망양정 옛터의 주춧돌.

망양정 위에 한참 동안 서 있으니 望洋亭上立多時

늦은 봄이 가을 같아서 마음 더욱 슬퍼지네 春晚如秋意轉悲

바다 가운데 바람과 안개 나쁜 모양인지 知是海中風霧惡

전나무와 소나무 동쪽 향한 가지는 자라지 못했네 杉松不長向東枝

만개의 골짜기 천개의 바위가 잇따라 놓였는데 萬壑千巖邐迤開

산을 따라 돌아가고 산을 따라 왔다네 傍山歸去傍山來

구름이 큰 물결에서 나니 하늘을 다 감쌌고 雲生巨浸包天盡

바람은 놀란 물결을 보내어 언덕을 치고 돌아오네 風送驚濤打岸回

　1471년(성종 2) 평해군수 채신보蔡申保(1420~1489)가 현종산 남쪽 기슭에 옮겼다. 1517년과 1590년에 두 차례 더 중수했으나 허물어졌으므로 1860년(철종 11) 울진현령 이희호가 지금의 자리로 이건했다. 그 이후 여러 차례 보수를 거치다가 2005년 울진군이 완전히 해체한 뒤 새로 지었다. 그러므로 겸재와 김홍도가 그린 망양정은 현재의 망양정이 아니다. 숙종이 내린 '관동제일루' 현판도 정철의 관동팔경도 김시습의 시도 지금의 망양정 풍경을 노래한 것이 아니다. 이들이 노래한 망양정은 채신보가 1471년 현종산 남쪽 기슭에 옮긴 그 정자였다
　강원도관찰사 시절 관동 지방을 돌며 별곡을 지었던 정철은 망양루에서 그 대미를 장식했다.

　하늘 끝을 끝내 보지 못하고 망양정에 오르니
　바다 밖은 하늘인데 하늘 밖은 무엇인가

가뜩이나 성난 고래를 누가 놀라게 하였기에
불거니 뿜거니 하면서 어지럽게 구는 것인가
마치 은산을 꺾어 온 세상에 흘러내리는 듯
오월의 아득한 하늘에 백설은 무슨 일인가

숙종도 망양정의 경승에 취해 직접 시를 썼다. "골짜기들 첩첩 둘러
보고 구불구불 열렸고 / 놀란 파도 큰 물결 하늘에 닿았네 / 만약 이
바다를 술로 만든다면 / 어찌 삼백 잔만 마시겠는가." 확실히 직접 보고
쓴 게 아니라 감탄의 정조가 옅다. 정조의 시를 보자. "태초의 기운 아
득히 바다에 풀어지니 / 뉘라서 이곳에 망양정을 알 수 있으리 / 흡사
문선왕 공자의 집을 훑어보듯 / 종묘며 담장 하나하나 훑어본다." 숙종
은 관동팔경 중에서도 망양정의 경치가 최고라 하여 '관동제일루'라는
현판까지 하사했다.

화가들도 앞다투어 그림을 그렸다. 진경산수화의 세계를 열었던 겸
재 정선도 망양정을 찾아 그림을 그렸다. 『관동명승첩』 중 「망양정도」
다. 그림 속 망양정은 수직의 절벽 위에 위태롭게 서 있다. 넘실대는 파
도는 절벽 위에 비스듬히 기울어져 있는 정자를 집어삼킬 듯이 고압적
이다. 정자 뒤 언덕에는 짙푸른 소나무가 병풍처럼 서 있다.

이에 비해 김홍도의 그림은 비교적 안정적이다. 파도는 섬세하고 섬처
럼 떠 있는 산봉우리에 망양정이 서 있다. 안정감이 있고 평화로운 풍경
이다. 김홍도의 그림이 광각렌즈로 망양정을 둘러싼 주변 풍경을 폭 넓
게 잡은 구도라면 정선은 자기가 강조하고 싶은 풍경을 망원렌즈로 당

긴 것처럼 두 그림은 대조적이다.

채신보가 평해군수로 와서 현종산 남쪽 기슭으로 정자를 이건할 당시 채신보의 아들 채수蔡壽(1449~1515)가 망양정 기문을 썼다. 채수는 중종반정 공신으로 충청도관찰사, 성균관대사성, 호조참판을 지냈는데 음악과 시문, 서예 등에 두루 뛰어났다고 전한다. 기문은 『신증동국여지승람』에 전한다.

"정자는 여덟 기둥으로 둘렀는데 기와는 옛 것을 쓰고, 재목도 새로운 것을 쓰지 않았다. 웅장하고 화려하지는 못하지만, 풍경 물색의 기이함을 이루 말할 수 없다. 정자의 조금 북쪽을 둘러 8칸을 지으니 이름을 영휘원迎暉院이라 한다. 벼랑을 따라 내려가면 또 한 돌이 우뚝 솟아 그 위에 7, 8명은 앉을 만하며 그 아래는 땅이 보이지 않을 정도이니, 이름을 임의대臨漪臺라 한다. 북쪽을 바라보면 백 보쯤 밖에 위험한 사다리가 구름을 의지하여 그 위로 사람이 가는 것이 공중에 있는 것 같으니 이름을 조도잔鳥道棧이라 한다. 지나는 모든 사람의 유람 관광하는 즐거움이 이 이상 없다. (…) 아, 우리나라에서 봉래蓬萊·영주瀛洲를 산수의 고장이라 하지만 그중에도 관동關東 지방이 제일이 되며, 관동의 누대樓臺가 수없이 많지만 이 정자가 제일 으뜸이 된다. 이는 하늘도 감추지 못하고 땅도 숨기지 못하니, 모습을 드러내 바쳐 사람에게 많은 기쁨을 준다. 어찌 이 고을의 다행이 아니겠는가. 이를 적어 후세에 전하지 않을 수 없다."

겸재 정선이 그린 망양정의 모습.

채수가 기문에 쓴 망양정과 영휘원, 임의대는 서거정徐居正이 노래했던 '평해팔영'에도 포함된다. 그 정도로 망양정과 주변 풍광이 빼어났다는 뜻이다.

망양정 현판에서 뜻밖의 인물들을 만난다. 이산해와 정철이다. 선조 때 일이다. 1589년, 정여립의 역모사건이 도화선이 돼 기축옥사가 일어났다. 그때 이산해와 류성룡이 속해 있던 동인에게 피바람이 몰아쳤다. 수사 책임자였던 정철은 이산해를 정조준했다. 정암수가 정여립 관련 자를 거론하는 상소를 올리자 "대감은 이 자리가 불안하겠습니다"라며 노골적으로 이산해를 압박하며 조롱했다. 이산해는 다행히 선조의 두둔으로 화를 피했으나 그 과정에서 생긴 감정의 골은 이후 '치킨게임'으로 치달았다.

1591년 이산해는 영의정, 정철은 좌의정, 류성룡은 우의정이었다. 이산해는 북인의 영수였고 류성룡은 남인의 영수, 정철은 서인의 영수였다. 이산해와 류성룡, 정철이 세자 책봉 문제를 놓고 머리를 맞댔다. 광해군을 세자로 세워야 하며 이를 선조에게 함께 건의하자는 데 삼정승이 뜻을 같이 했다. 당파싸움이 극심한 시절에 당파를 초월한 대타협을 했지만 이것은 이산해가 파놓은 함정이었다. 이산해는 선조가 후궁인 인빈 김씨의 소생 신성군을 더 총애한다는 것을 알고 병을 핑계로 왕과의 면담 자리에 빠졌다. 정철이 광해군을 세자로 책봉해야 한다고 주장하자 왕이 불같이 화를 냈다. 그 모습을 본 류성룡은 입을 다물었다. 선조는 정철을 파직하고 강계로 유배를 보냈다. 덫을 놓았던 이산해는 정철을 죽여야 한다고 주장했고 류성룡은 유배로 끝내야 한다고 말렸다.

1592년 조선 최대의 국난인 임진왜란이 일어났다. 영의정 이산해는 선조를 모시고 피란길에 올라 개성까지 갔다. 난국에 정철이 국정의 중심으로 돌아왔다. 정철은 이산해가 자신을 죽이려 했던 일을 잊지 않았다. 이산해를 겨냥해 영의정이 왕을 피난가게 한 죄를 물어야 한다고 탄핵을 올렸다. 선조도 어쩔 수 없었다. 1593년 이산해는 54세에 평해로 유배를 왔다가 망양정에 시를 남겼다. 정철이 강원도관찰사로 평해를 찾아 망양정에서 「관동별곡」의 대미를 장식한 지 꼭 12년 만이다. 이산해도 망양정에 들러 쓸쓸한 마음을 시로 남겼다. 숙명의 정치적 라이

벌, 철천지원수가 망양정을 노래한 시판을 나란히 올리며 조선의 뼈아
픈 역사를 상기시키고 있는 것이다.

바다를 벤 높은 정자 전망이 탁 트여 枕海危亭望眼通
올라가 보면 가슴 속이 후련히 씻기지 登臨猶足盪心胸
바람이 황혼녘 달을 불어 올리면 長風吹上黃昏月
황금 궁궐이 옥거울 속에 영롱하다네 金闕玲瓏玉鏡中

_이산해, 「망양정」

화려한 누각에 서린
왕후의 피눈물

:

청송 찬경루讚慶樓

청송군 청송읍 월막리에 있다. 1428년(세종 10) 청송부사 하담河澹이 청송도호부 남쪽 경치가 빼어난 용전천 언덕 위에 지었다. 정면 4칸, 측면 4칸 구조인데 세종의 여덟 아들이 어머니 소헌왕후昭憲王后(1395~1446)를 위해 두 칸씩 지었다고도 한다. 소헌왕후는 세종과의 사이에 8남 2녀를 두었다. 첩첩산중 시골마을은 왕비를 배출한 덕에 세종 즉위년인 1418년 진보현과 합쳐 청보군으로 승격됐다. 1423년 청송군이 됐고 소헌왕후의 아들인 세조대에 와서는 청송도호부로 승격됐다.

찬경루기문은 당시 관찰사인 홍여방洪汝方이 썼다. 군수 하담이 세종의 명을 받아 홍여방에게 부탁했다. 홍여방의 기문은 청송 심씨와 소헌왕후에 대한 '용비어천가'다.

"소나무 잣나무는 울울창창하고, 안개와 노을은 어둠침침하게 잠겨 있어서 맑고 그윽한 동학洞壑(산천으로 둘러싸인 경치 좋은 곳)이 의젓한 선경仙境인 듯, 이곳 곧 청송이다. 군수 하담은 유림의 친구이다. 나에게 말하기를, '이 고을은 왕후의 본향本鄕이므로 일찍이 현을 올려서 군으

찬경루는 청송 심씨 소헌왕후의 시조묘가 있는 보광산을 우러러 찬미한다는 뜻으로 지었다.

찬경루에서 내려다본 용전천.

로 했으나 땅이 궁벽함으로 하여 사신使臣이 오는 일이 드물기 때문에 관사가 갖추어지지 못했더니, 지난해에 처음으로 한가한 무리를 모집 하여 청당과 이 누각을 세웠습니다. 원하건대 이름을 짓고 기記를 써주 십시오' 했다. 내가 말하기를 물과 산의 영이靈異한 것은 반드시 그 상서 를 낳는 것이며, 조종의 선덕을 누적한 자는 반드시 그 경사를 남기는 것이다. 청원 시중공의 선대에서는 산과 물에서 빼어난 기운을 나누어 받고, 삼한에 인후함을 심어서, 그 근본을 배양하고 그 정기와 영화를 품어 길렀던 것이다. 지금까지도 소헌왕후의 곤덕坤德(왕후의 덕)과 어머 니로서의 의표와, 금지옥엽인 그의 후손들은 우리 조선 억만세의 끝없 는 복을 풍성하게 하고 있다. 이 누에 올라 그 옛터를 바라보니 우러러 찬미하지 않을 수 없다. 그런 까닭에 찬경루라고 명명한다."

홍여방이 "누에 올라 옛터를 바라보니 우러러 찬미하지 않을 수 없 다"고 한 옛터는 보광산에 있는 소헌왕후 친정 청송 심씨의 시조인 심홍 부沈弘孚의 묘소다. 용전천이 홍수로 범람해 심홍부의 묘소로 갈 수 없 을 때는 찬경루에서 제사를 지냈다고 한다. 찬경루 앞 용전천에는 섶다 리가 있는데 용전천 강물이 불어 청송 심씨의 시조묘 제사일에 관원과 자손들이 강을 건너지 못할까 걱정해 소나무 가지를 엮어 만들었다는 설이 있다.

찬경루 누각 안에 있는 '송백강릉松柏岡陵' 현판 글씨는 소헌왕후의 아 들 안평대군이 썼으나 뒷날 화재로 소실됐고 한철유가 1792년 안평대 군의 글씨를 그대로 옮겨 썼다. 『시경』 「소아·천보」의 "산과 같고 언덕과 같고 산등성이 같고 구릉 같으리라. 냇물이 바야흐로 이르는 것 같아서 복이 더해지지 않음이 없으리라. (…) 소나무와 측백나무가 무성하듯 자손이 이어지지 않음이 없으리라"라는 구절에서 따왔다.

이후 김종직, 서거정, 송시열 같은 대가들이 앞 다투어 시를 짓거나 기문을 썼다. 누각 안에는 이외에도 이심원, 홍성미, 황효원, 한광근, 양극선, 신익선 등의 시편이 걸려 있으며 『신증동국여지승람』에도 서거정, 김종직, 이심원의 시가 실렸다.

온 종일 한가롭게 시 읊으며 기둥에 기대니　盡日閑吟倚柱邊
선현들의 시구가 모두 노조린을 앞서는구나　諸賢傑句摠盧前
두 산이 좁게 뻗쳤기에 땅 없을까 의심했더니　兩山狹走疑無地
한 가닥 오솔길 가만히 조그마한 동천으로 통했네　一徑潛通小有天
청부를 찾고자 하나 이제는 볼 수 없는데　欲訪青鳧今不見
한가롭게 백조를 보니 참으로 사랑할 만하다　閑看白鳥政堪憐
이곳에도 반드시 봉래산이 있을 것이니　此間亦必蓬壺在
단구가 아니더라도 날개 돋아 신선이 되리라　不用丹丘仍羽仙

_서거정, 「찬경루」

찬경루에는 비밀코드가 숨겨져 있다. 권력 투쟁의 피비린내, 소헌왕후와 친정 일가의 피눈물이 '찬경'에 묻혔다. 소헌왕후의 아버지 심온沈溫(1375~1418)은 영문도 모른 채 역적으로 몰려 죽었고 집안은 풍비박산이 났다. 사정은 이렇다. 1418년 9월 2일 상왕으로 물러난 태종은 세종의 장인인 심온을 영의정으로 삼아야 한다고 말했다. 다음날 심온은 영의정에 올랐다. 영의정에 임명된 심온은 곧바로 명나라에 사은사로 떠나게 된다. 그가 떠날 때 사대부들이 앞을 다퉈 전송했다. 새로운 권력자에게 줄을 대려는 사람들이 인산인해를 이뤘다. 수레와 말이 도성을 뒤덮을 정도였다. 이 소문을 들은 태종은 다시 외척이 득세할 것이라고 판단했다. 자신이 죽인 처남 민무구나 민무질을 떠올렸다. 외척들의 폐해가 얼마나 심했던가. 왕실의 앞날을 위해 대책을 세워야 했다.

태종은 심온이 명나라에 가 있는 동안 '강상인 옥사'에 심온을 엮기로 했다. 태종은 세종에게 양위하면서 군대는 자신이 맡고 국가 중대사에도 자신이 개입하기로 했다. 그런데 태종의 심복인 강상인이 군사 문제를 세종에게 직접 보고했다. 태종은 '태종과 세종을 이간시키려 했다'는 죄목을 걸어 강상인을 찢어 죽였다.

태종은 심온의 동생 심정이 병조의 군부에 있다는 점에 착안해 심정과 강상인을 연루시키고 다시 심정과 심온을 연결시켜 심온을 강상인 사건의 주모자로 만들었다. 여러 사람이 고문을 당하고 허위자백을 강요받았고 죽었다. 그해 12월 5일 명나라에서 돌아온 심온은 의주에서 영문도 모른 채 체포돼 칼을 쓰고 한양으로 돌아왔다. 그는 중전인 딸과 살아남은 가족들을 위해 불러주는 죄를 모두 뒤집어쓰고 자살했다. 심온의 재산은 몰수됐고 아내와 딸은 관비가 됐다. 이 와중에 세종은 아무런 역할도 하지 못했다.

소헌왕후는 태종이 살아 있는 동안 늘 불안했다. 아버지가 죽기 한 달 전에 정식 왕비로 책봉됐으나 역적의 딸을 폐서인해야 한다는 중론에 시달려야 했다. 아버지의 억울한 죽음, 관비로 떨어진 어머니와 형제 생각, 처가 문제에 대책 없이 무능한 남편에 대한 원망이 뒤섞여 한시도 편한 날 없이 고통 속에 지냈다.

1422년 태종이 죽으면서 소헌왕후에게 새 세상이 열렸다. 2년 뒤 하담이 소헌왕후의 본향인 청송에 찬경루를 지었다. 하담의 아들은 세조 때 성상문과 함께 단종 복위를 꾀하다 죽은 사육신 하위지다. 관찰사 홍여방이 찬경루에서 강 건너 보이는 청송 심씨 시조묘를 향해 '우러러 찬미한다'는 뜻으로 편액 이름을 찬경루라고 지었다. 이를 신호탄으로 조선의 글깨나 쓰는 명사들이 앞다투어 찾아와 시를 짓고 글을 썼다.

찬경루 뒤에 있는 청송관아의 객사인 운봉관.

아들 안평대군은 '송백강릉' 현판 글씨를 써 가슴이 천 갈래 만 갈래 찢어진 어머니를 위로했다.

찬경루를 지은 뒤 청송 심씨 집안이 잘 풀렸다. 세종 말년에 심온은 복위됐고 소현왕후가 낳은 첫아들은 문종이 됐다. 둘째 아들은 세조가됐다. 왕후가 되던 해 아버지 심온이 죽고 아우 심회가 태어났다. 심회는 세조의 외삼촌이다. 세조 때 영의정을 지내 부자간에 일인지하 만인지상에 오르는 경사를 맞았다. 심온의 아우 심종은 태조의 딸 경선공주와 결혼해 청원군에 봉해졌다. 심연원은 명종 때 영의정을 지냈고 심강은 명종비 인순왕후의 아버지다. 김홍도와 쌍벽을 이루는 조선 산수

찬경루와 운봉관 뒤에 있는 조선 목민관의 선정비.

화의 거목 심사정도 청송 심씨다.

청송군은 찬경루와 운봉관, 섶다리 등을 한데 모아 '소헌공원'이라고 부르고 있다. 찬경루에서 용전천이 흐르고 멀리 심씨 시조묘가 있는 보광산이 보인다.

나무보다 높은 화려한 누각 석양에 비끼는데 樹抄華楹返照邊
구름 속에 있으니 술잔 잡기 전 흥이 오른다 雲間高興把杯前
냇물은 천 길 돌계단 돌아 물에 잠기게 하고 川回蘸却千尋磴
산을 두른 하늘 한 조각 훔쳐볼 뿐 山擁偸他一片天
사록沙麓의 상서로움은 참으로 기록할 만하고 沙麓禎符眞可紀
도원과도 같은 경치는 진실로 사랑할 만하더라 桃源物色絕堪憐
얼굴을 들어 나그네를 보며 웃노니 擡頭笑向棲霞客
소부巢父, 허유許由도 원래부터 신선은 아니었네 巢許從來未必仙

_김종직, 「청송 찬경루를 차운하다」

396

찬경루 앞 섶다리.
찬경루에서 청송심씨 시조묘에 제사지내기 위해 만든 다리라고 전한다.

참고문헌

강판권, 『선비가 사랑한 나무』, 한겨레출판, 2014

고전연구회 사암, 『조선의 선비 서재에 들다』, 포럼, 2008

규장학한국학연구원, 『조선 양반의 일생』, 글항아리, 2009

김봉렬, 『한국건축의 재발견 1·2·3』, 이상건축, 1999

서정호, 『아름다운 한옥 기행』, 신아사, 2011

신정일, 『신정일의 신 택리지』, 타임북스, 2011

안대회, 『선비답게 산다는 것』, 푸른역사, 2007

오용원, 『출처, 경계의 철학』, 글항아리, 2016

이갑규 등, 『한국의 혼 누정』, 민속원, 2012

이규보 등, 『한국산문선1~9』, 민음사, 2017

이종묵, 『조선의 문화공간 1~4』, 휴머니스트, 2006

이창룡, 『누각과 정자에서 읊은 남도의 시정』, 푸른사상, 2007

――, 『누각과 정자에서 읊은 詩세계』, 푸른사상, 2006

정병호 외, 『경북의 누정 이야기』, 경북대학교 영남문화연구원, 2015

최인호, 『유림 1~6』, 열림원, 2005

한정주, 『호, 조선 선비의 자존심』, 다산초당, 2015

허균, 『한국의 누와 정』, 다른세상, 2009

———, 『한국의 정원 선비가 거닐던 세계』, 다른세상, 2002

KBS 학자의 고향제작팀, 『학자의 고향』, 서교출판사, 2013

『조선왕조실록』, 국사편찬위원회 DB

『연려실기술』, 한국고전번역원 DB

유교넷, 한국국학진흥원 DB

홀로
선
자들의
역사

1판 1쇄	2020년 12월 28일
1판 2쇄	2021년 2월 15일

지은이	김동완
펴낸이	강성민
편집장	이은혜
마케팅	정민호 김도윤 최원석
홍보	김희숙 김상만 이소정 이미희 함유지 김현지 박지원

펴낸곳	(주)글항아리	출판등록 2009년 1월 19일 제406-2009-000002호
주소	10881 경기도 파주시 회동길 210
전자우편	bookpot@hanmail.net
전화번호	031-955-2682(편집부)	031-955-8891(마케팅)
팩스	031-955-2557

ISBN	978-89-6735-855-6 03910

잘못된 책은 구입하신 서점에서 교환해드립니다.
기타 교환 문의 031-955-2661, 3580

geulhangari.com